太极导气松沉功

王方莘 著

人民体育出版社

图书在版编目（CIP）数据

太极导气松沉功 / 王方莘著. -- 北京：人民体育
出版社, 2008（2024.4重印）
ISBN 978-7-5009-3391-5

Ⅰ.①太… Ⅱ.①王… Ⅲ.①太极拳－气功 Ⅳ.
①G852.11②G852.6

中国版本图书馆CIP数据核字(2008)第029745号

*

人民体育出版社出版发行
天津画中画印刷有限公司印刷
新 华 书 店 经 销
*
850×1168　32开本　6.5印张　161千字
2008年10月第1版　2024年4月第6次印刷
印数：15,001—15,500册
*
ISBN 978-7-5009-3391-5
定价：36.00元

社址：北京市东城区体育馆路8号（天坛公园东门）
电话：67151482（发行部）　　　邮编：100061
传真：67151483　　　　　　　　邮购：67118491
网址：www.psphpress.com
（购买本社图书，如遇有缺损页可与邮购部联系）

作者简介

王方荦，1941年出生于四川乐山。毕业于四川师范大学物理系。中国武术协会会员、中国武术六段。峨眉山佛拳第四代传人、杨式太极拳第五代传人、中国散手道协会外事部主任、国际武术散手道黑带七段。

王方荦先生酷爱武术，5岁开始在家庭教头带领下习武。1961年在四川师大就读，学习24式太极拳与齐眉棍，是该校武术骨干，系武术队队长。1973年跟峨眉派杨大师学习峨眉山佛拳。1981年、1992年、1998年先后拜杨绍西（杨澄甫弟子）、赵凯（李雅轩弟子）、林墨根（李雅轩弟子）学习太极拳，现精通杨式太极拳、剑、刀、推手、散手，在太极内功修炼方面造诣较深。

王方荦先生为传播太极拳这一中华国粹，兼很多武术职务，1984—1990年任四川省犍为县副县长期间，被犍为县武术协会聘为名誉主席。1987年指导该县武术队员参加省级散手擂台赛，获女子55公斤级金牌。1997年至今，任乐山市武术协会副主席兼太极拳专业委员会会长，组织过4次全市大型武术比赛，并组队参加永年国际太极拳邀请赛。在比赛中获金牌4枚、银牌3枚、铜牌4枚。2000年任四川省推手研究会副会长，带领乐山市队参加省级推手比赛，乐山队获金牌1枚、银牌1枚、铜牌1枚。

为把太极拳推向世界，2001年起先后4次去美国讲拳、教拳，参加当地举办的武林大会。2004年8月参加美国旧金山举办的国际武林大会，获武术名家表演太极拳、推手两项第一名。

王方莘先生酷爱武术，用毕生精力研究武术，除继承老一辈拳师太极推手外，并有所创新。如创编太极推手六十六种发劲训练方法和太极推手化发劲三十二种训练方法。其中九宫步太极图揉手训练方法属于第一次面世。

为了把太极拳内功修炼深入下去，王方莘苦练十几年，终于在2005年5月完成了《太极内功修炼》即太极松功修炼第一部分《太极导气松沉功》，后来编写成书，被列为"奥运2008年太极文化交流展示模式"的子课题。本书先练太极导引后练拳架，到外型熟练后，再用导气方法练拳架的教学方法，在中国大陆可算先例。特别是用四维空间定拳架动作、方向、方位，均属首创。

前　言

　　"太极导气松沉功"是借鉴台湾太极大师熊卫创编的"太极导引"、杨式太极大师李雅轩及其高徒林墨根大师的"大松大软"、太极大师郑曼青"专气致柔"和吴式太极大师杨禹廷的松沉理论与实践创编的功法。本人用此法在中国乐山、美国洛杉矶教授弟子，效果明显。弟子通过导气练习松沉功，能使内气畅通，周身关节尽快松开，且节节贯串，肌肉也放松，不僵不紧，从汗毛深入到皮、肌肉、筋骨，自表及里松到骨骼，达到太极内功——太极松功初步上身的目的。习练者身体健康，很少得病，心情舒畅，生活、工作劲头更足。书中，我将修炼太极导气松沉功分成基础篇、修身篇、拳理篇、方位篇、拳架篇、揉手篇、老论篇七个部分。

　　基础篇含三个导气功法、两个活动桩功、三种太极步法、四个单式练习动作。三个导气功法是纵向两种，横向胯、腰、肩三圈导气和丹田内功修炼，这是目前最流行、最先进的导气法。两个（弓步、马步）活动桩功，有别于一般桩功，是杨式太极不对外的秘传，修炼者练此功法桩功更好，腿部肌肉力量更强，可增强功力，身体更健康。前进、后退、横行太极步是太极拳三种基本步法，太极修炼从脚下起，只有练好这三种步法，才能练好太极拳。此外，介绍太极拳四个最主要的拳势动作，即定步、活步搂膝拗步，倒撵猴，云手，定步揽雀尾。太极功夫主要靠拳架练出来，作为基础功法来进行单式练习非常必要，练好了几个单式，对整个拳架练习也很有好处。

　　修炼太极松功贵在修身。在修身篇中介绍下肢、上肢、躯干的修炼。练太极松功时，必须放松周身，心意完全放松之后，周身肢体才有可能放松。"行气如九曲珠"指从脚到踝、膝、胯、腰、肩、肘、腕、手九大关节，即为九曲珠。练拳、修炼松功必须从脚下用功，从下往上练，这是历代先贤从实践中总结出来的经验。本篇重点介绍九大关节之松功修炼。

修炼多年太极拳的人从实践中悟到的重要原则，也称拳理。多年修炼太极拳，我把松看成是太极拳的灵魂，把阴阳变转看成是太极拳的根本。动则分、静则合是太极拳的规律。没有虚实便抽掉了太极拳的特性。动静开合在太极拳中占主要地位。中正和安舒是相互关联的太极拳内外双修的基本方法。只有采取"用意不用力"的训练拳法，才可能退去人体中的本力，使经络、血液畅通，达到肢体放松的目的。六法与健康的关系。以上这些内容在"拳理篇"中详细介绍。

太极拳架的确定方位十分重要，故写出"方位篇"。在本书写成之前，太极拳的方位一般以八门五步定方位，也就是说X、Y两个方向，在平面坐标系中定位。这种定位法可以定出脚的方位和脚的运动方向，但上肢运动无法定位。我在教拳实践中，摸索出一种四维空间定位法，即十弧、八线、二旋。躯干带动上肢做平面旋转时，可用8个固定弧来定位；上肢做上、下运动时，可用两个活动弧（上弧、下弧）来表述及三维空间定位；而上肢前臂做滚动旋转时，可用二旋（内旋、外旋）来描述，即四维空间定位。这样就能准确地定出拳架中下肢和上肢的运动方向和方位。

"拳架篇"中我选用杨式太极拳的拳式动作，精选其中40个组成太极导气松沉功的拳架。该拳架基本上没有重复动作，有38个不同动作，每个拳式动作按导气通筋、阴阳为本、松柔为魂进行修炼。在本书写成前，还没有人很细地写出来，我这样写，使修炼者有明确的一招一式的修炼方法。相信按这种方法去修炼，持之以恒，可以达到修成导气松沉功的目的。

"揉手篇"理论部分重点介绍太极推手的以静制动、四两拨千斤、舍己从人、以柔克刚、以慢制快等区别于外家拳的特性。揉手套路是我多年练习和教授揉手的心得,含二十几个套路。其他书籍有介绍的,本书不作详细介绍,这里只介绍几种非常特殊又非常适用的,如单揉手的九宫步太极图揉手、双揉手的大捋梅花靠、游泳式揉手等 12 个套路供同仁参考。有 81 种发劲、化劲实作。对很多书有介绍的掤、捋、挤、按、采、挒、肘、靠八法发劲不作介绍,只介绍 28 种化发劲的实作。

附有"老论篇",我学习太极拳一刻也离不开"老论"。二十多年来学习太极拳理论,觉得好的 15 篇推荐给太极拳界朋友。其中,王宗岳太极拳论、十三势译名、十三势行工歌这三篇文章尤需熟读、精读。

这本书不仅是写给学太极拳要求提高内功的人,更是写给练太极拳要求养生保健、延年益寿有明显效果的人。由于我的水平有限,文中难免有错漏之处,敬请批评、指正。我之所以将太极导气松沉功写出,是想将多年修炼、学习和教学心得奉献给同仁,抛砖引玉,能对太极拳界研究之风有所助益,这就达到了写作的目的。

作者
2008 年 4 月于四川·乐山

太极导气松沉功

目 录

太极导气松沉功

老论篇

基础篇

一、太极起势、收势之左脚开合纵向、侧向导气

预备势

两脚并步站立，面向正南方；两臂松垂沉于体侧；两眼平视正前方，思想松静，屏除杂念，虚灵顶劲，松肩垂肘。（图1-1）

起势之开脚，意想气从左脚起经踝、左小腿、膝、左大腿、左胯、腰、左肩到头顶，此时左脚跟离地（图1-2）。然后再想头顶之气经右肩、腰、右胯、右大腿、膝、右小腿、踝到右脚底，此时左脚前掌及四小趾离地，唯大趾着地，左脚虚净，右脚实足（图1-3）。左脚横向开半步，与肩同宽，左脚大趾着地（图1-4），想右脚之气起经踝、右小腿、膝、右大腿、右胯、腰、右肩到头顶，头顶之气再向左肩、腰、左胯、左大腿、膝、

图 1-1

图 1-2

左小腿、踝到左脚底，此时左脚四小趾、前掌、后跟依次着地。完成一个周期纵向导气。（图1-5）

注意：两脚之间不可外八字，也不可内八字，要基本平行，归于自然（称平行步站立）。

图 1-3

图 1-4

图 1-5

收势之合脚，纵向导气方法与起势同，注意左脚虚净，右脚实足时收左脚，着地时仍然是先左大趾、四小趾、前掌、后跟着地，即平松着地。完成纵向侧向导气一个循环。

注意：导气时，意想气到哪里，松到哪里。

二、起势时两手平举起、下落之纵向、正向导气

预备势

与太极起势之末同，即平行步站立。起势时两臂由体侧向前内旋90°，手心向内，意念十个指头由十根线牵动缓缓上举（图1-6），前臂、上臂、肩不贯力、两臂与肩平时不再上动（图1-7）。此过程中，意想两脚之气经踝、小腿外偏后侧面上行，经膝、大腿外偏后侧到胯，两股气合于会阴，经命门、脊中、大椎到头顶百会穴。以后含胸、屈肘，意想两手掌与地面平行，手心向下，像降落伞，两手慢慢下落，有气流阻止手掌下落，速度较

图 1-6

图 1-7

慢，手掌始终与地面平行（含坐腕）慢慢落到两胯前，手指再下垂于地，此过程中气的运行从头顶百会穴经印堂、膻中、丹田、会阴，分两路经两大腿内偏外侧、膝、小腿内偏外侧、踝、脚背、脚趾到涌泉。此过程完成纵向正向导气（注：起势时可逆向导气，如气逆向运行称纵向逆向导气）。

三、胯、腰、肩三圈之横向导气

预备势

两脚平行步站立，面向正南方；两臂松垂沉于体测；两眼平视正前方。思想松静，屏除杂念，虚灵顶劲，松肩垂肘。（图1-8）

起势时意想气从两脚涌泉，由踝外侧、膝外侧上行，经胯转至臀后向命门流注，再下行至尾闾（图1-9）。继而由下向前上翻转，沿尾椎前侧向上运行至胯间，遂以意气的上行线为中心，

图 1-8

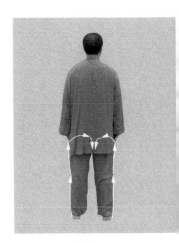

图 1-9

以意引领内气向胯四周圆散出直径约 1 米的胯气圈；同时，胯气圈中心的内气仍继续上行至腰间，向腰四周圆散出直径约 80 厘米的腰气圈；腰气圈中心的内气继续上行至胸上方，再向四周圆散出直径约 1 米的肩气圈（图 1-10）。约 5 秒钟，意想三个圈内聚成大椎、腰眼、会阴竖直一条线；约 3 秒钟，再向外散成三圈；约 5 秒钟，再聚成大椎到会阴一条线。

以后，内气由大椎上升，意想经头顶百会穴向天空发放，这时两手臂上举至头上，手心向上。两手捧气，意想气从头顶四神通向下贯入，经印堂、到膻中，此时心中有豁然开朗之感，意想内气如小石子直坠入腹中，丹田内犹如静水投石，激起道道水圈向四周漫延鼓荡。以后内气继续下行至裆间分开，由两大腿内侧前三分之一处向下涌流，经膝内侧、小腿内侧、踝内侧至涌泉（图 1-11），以后由踝外侧上行完成一个循环。等内功进入较高层次后，内气运行速度便需快则快，要慢则慢，唯以"气遍全身不稍滞"为要。三圈的横向导气由松散产生。

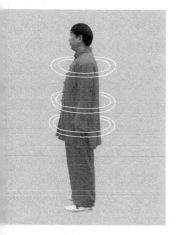

图 1-10

图 1-11

四、丹田内转功法

（一）丹田内转的作用

图 1-12

丹田内转是太极拳的基本功。丹田是脐下小腹处看成似一个立体的能涨能缩旋转的太极气球（图 1-12）。太极拳通过意念使会聚丹田的阴阳两气不断鼓荡运转，进而带动肢体开合伸屈协调平衡运动，以达到保健强身、提高技击能力的目的。丹田内转，只是一种太极拳内功锻炼的过渡形式，太极拳练到高深阶段，就不再执著丹田内转，那时全身处处是丹田，处处能化，处处能发，挨着何处何处击。

（二）丹田内转的练法

第一步　腹式逆呼吸
预备势

松静自然站立（坐卧也可），两脚分开，脚尖向前，与肩同宽，两手贴腹，头顶虚悬，头颈正直，嘴唇轻闭，舌抵腭部，下颌微收，含胸拔背，松肩垂肘，松腰松胯，敛臀圆裆，两膝微屈；两眼先平视前方远处，再目光回收轻轻闭合，注意力集中于印堂穴，接着两眼内视脐下小腹处，即气沉丹田，静守片刻（图1-13）。动作开始用意识引导丹田呼吸，呼吸要求缓慢、匀细、深长。吸气时，肚脐吸到命门，小腹内收，直到肚皮好像贴在脊背上。呼气时命门向前呼，小腹往外微凸。如此一吸一呼下去，每天练习 1~2 小时，约 20 天就会感到丹田一吸一呼自动起来。

第二步　丹田旋转

把丹田看成一个圆球，球的中心点，一般认为在脐后肾前，即百会至会阴、脐中至命门两条连线相交处。用左手心贴在丹田上，右手心贴左手背（图 1-14）。以手按在小腹丹田上，带动丹田顺时针、逆时针方向旋转起来（图 1-15）。每天练习半小时以上，约 20 天就会感到丹田自己动起来。

图 1-13

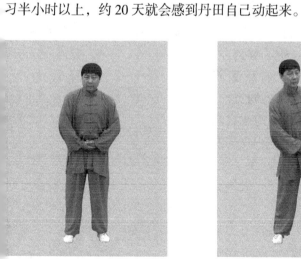

图 1-14

图 1-15

第三步　丹田自转

丹田自动有了一定的基础，内气充足，就能气冲病灶，静极生动。此时，丹田可在意识支配下动起来，或上下、左右，或顺时针、逆时针方向旋转起来。

第四步　肢体随转

太极拳单式动作或整个套路演练，在丹田旋转的离心力或向心力作用下带动四肢做开合卷放、蓄发动作。这种内动外发，"节节贯穿、周身一家"，不但使全身动作更显得协调、圆活，能提高技击的速度，增强螺旋劲和爆发力，且经络畅通，身体更健康。

五、弓步（含半马步）、马步之导气活动桩功

（一）弓步（含半马步）导气活动桩功

1. 先取平行步站立，两脚距离与肩同宽，以左脚跟为轴，脚尖外摆45°，重心移到左脚，右脚前撑一步，脚后跟着地（两脚横向距离与肩同宽），脚前掌与五趾慢慢着地成自然步（图 1-16）。此过程中先想左脚气上行，经踝、左小腿、左膝、左大腿、左胯、腰、大椎到头顶。

2. 随后右腿慢慢弓出成右弓步（图 1-17）。此过程中意想头顶之气下行，经印堂、膻中、丹田、会阴、右胯、右大腿、右膝、右小腿、踝到右脚

图 1-16

图 1-17

涌泉。动作 1、动作 2 各需要 20~40 秒钟完成。

　　3. 身体慢慢后坐，右弓步回到自然步。此过程中意想气从右脚底上升，经踝、右膝、右胯、丹田、膻中、印堂到头顶。

　　4. 身体继续慢慢后坐，成右半马步（图 1-18）。此过程中意想头顶之气下落，经大椎、脊中、命门到左胯、左膝、踝、左脚底涌泉。动作 3、动作 4 各需要 40~60 秒钟。

图 1-18

以后又从半马步到自然步，导气方法与上面相同，此过程需要 20~40 秒钟。完成一次右弓步导气活动桩需要时间 120~180 秒钟，每日可练 3~5 次。

以上是右弓步（含右半马步）导气活动桩。左弓步（含左半马步）导气活动桩方法与右式相近，只是左、右脚位置互换，导气方法相同。

（二）马步导气活动桩功

1. 平行步站立，两脚距离一肩半宽（图 1–19）。慢慢下蹲，身体保持正直，到大腿成水平状即可（图 1–20）。此过程中意想气从头顶经印堂、膻中、丹田至会阴，然后气分两股，经两大腿内偏外侧下行，经膝、小腿内偏外侧、踝到脚底。用时 20~30 秒钟。

图 1–19 　　　　　　　　　　　　图 1–20

2. 身体慢慢上升，上身似一车厢，两脚似弹簧，将上身慢慢顶起到直立为止。此过程中意想气由两脚上升，经踝、小腿外侧偏前，膝、大腿外侧偏前上行，此后两气合拢上行，再经命门、脊中、大椎到头顶百会穴。用时 80~100 秒钟，完成一次马步导气活动桩用时 100~130 秒钟，每日可练 5~8 次。

六、前进、后退、横行太极步

（一）前进太极步

1. 用"五一"方法右弓步站立，右膝含上提之意，右脚趾、掌稍离地，肩、胯微向右外摆45°，带动右脚尖外摆45°，右脚前掌、脚趾落地，重心仍在右脚，右脚实脚（图1-21）；左脚跟、掌、四小趾逐渐离开地面，仅大趾着地，左脚虚净。此过程中意想气从头顶经印堂、膻中、丹田、右胯、右大腿、膝、右小腿、踝到右脚底涌泉。

2. 左脚慢慢收回到右脚旁，此时松左肩、垂右臀将左脚送出，左脚后跟轻着地，同时，肩、胯向左转45°摆正（图1-22）。

3. 左脚掌、脚趾依次慢慢着地，松左肩、垂右臀，将身体慢慢前送成左弓步（图1-23）。此过程中意想气从右脚上升，经踝、

图 1-21

图 1-22

太极导气松沉功

基础篇

右小腿、膝、右大腿、右胯、会阴、命门、脊中、大椎到头顶百会穴，再经印堂、膻中、丹田、左胯、左大腿、膝、左小腿、踝到左脚底涌泉。以后从左弓步开始动作，只是以上动作1至动作3左、右脚互换，气的感受一样。每前进一步需要 20~30 秒钟，每日可练 50~100 步。

图 1-23

（二）后退太极步

1. 用"五一"方法右半马步站立（图1-24）。肩、胯向左外旋45°，重心慢慢落于左脚，左脚实脚，右脚跟、掌、四小趾逐渐离地，仅大趾着地，右脚虚净（图1-25、图1-26）。此过程中意想气从头顶百会穴经大椎、脊中、命门、会阴、左胯、左大腿、膝、左小腿、踝到左脚底涌泉。

图 1-24

图 1-25

2. 右脚大趾离地（不高于 10 厘米）右脚慢慢收回后撑一步（成弧线），大趾着地，肩、胯慢慢向右转 45°摆正，右脚小趾、前掌、后跟依次着地，使右脚尖对正前偏右 45°（图1-27），身体逐渐后移，重心逐渐倾向右脚，左脚跟离地，向外摆 45°，使左脚尖正对前方，成左半马步（图 1-28）。此过程中意想气从左脚

图 1-26

图 1-27

图 1-28

涌泉经踝、左小腿、膝、左大腿、左胯、会阴、命门、脊中、大椎到头顶百会穴，再经大椎、脊中、命门、会阴、右胯、右大腿、膝、右小腿、踝到右脚底涌泉。以下动作3、动作4重心慢慢全部落于左脚，成右半马步，方法与动作1、动作2同，只是左、右脚互换而已。每后退一步需20~30秒钟，每日可练50~100步。

（三）横行太极步

1. 并步站立，与起势开左脚踏实相同，只是两脚距离为一肩半，脚尖正对前方，身体下蹲成马步。（图1-29）

图 1-29

2. 肩、胯向左转45°，重心慢慢落于左脚，左脚实足，右脚跟、掌、四小趾依次离地，大趾着地，右脚虚净（图1-30）。此时意想气从头顶百会穴经大椎、脊中、命门、会阴、左胯、左大腿、膝、左小腿、踝、落于左脚涌泉。

3. 右脚离地（不大于10厘米），右脚回收至左脚旁，大趾先着地（图1-31），然后身体右转45°，四小趾、脚掌、脚跟慢慢着地。此时意想气从左脚涌泉向上，经踝、左小腿、膝、左大

图 1-30

图 1-31

腿、左胯、会阴、命门、脊中、大椎到头顶百会穴。

4. 肩、胯向右转45°，重心落于右脚，左脚跟、脚掌、四小趾依次离地，大趾着地，左脚虚净（图1-32），左脚向左横开一肩半宽，左脚大趾着地，以后四小趾、脚掌、脚跟着地，身体左转45°成马步。此时意想气从百会穴到大椎、脊中、命门、会

图 1-32

阴、右胯、右大腿、膝、右小腿、踝到右脚涌泉穴，再由右脚涌泉与前面气的行动路线逆向到百会穴。

以下为重复动作，每横行一步需 20~30 秒钟。此为左横行步，如练右横行步，动作方法与此相近，只不过左、右脚互换而已，每日可练 50~100 步。

七、定步搂膝拗步、倒撵猴、云手、揽雀尾

（一）定步搂膝拗步

1. 平行步站立，两脚距离与肩同宽；肩、胯右转45°，右手背向后 45°方向摆，与肩同高时翻掌，手心向上，左手上掤，手心向内，止于右胸前；眼视右后 45°方向。（图 1-33）

图 1-33

2. 肩、胯向左转 45°，眼视正前方；右手以肘为轴，右前臂回收止于拇指、食指虎口将要卡住右耳，左手掌自然下落于腹前。（图 1-34）

3. 左手掌继续下落且左摆，掌心斜向内，止于左胯旁，右

图 1-34

肘下垂，右掌由横掌变立掌，好像推出一样。（图 1-35）

以上为定步左搂膝拗步。定步右搂膝拗步动作方法与此相近，不同处仅左、右手互换，肩、胯转动方向相反。

图 1-35

（二）定步倒撵猴

1. 平行站立，两脚间距离与肩同宽；肩、胯向右转 45°，左手背前摆，与肩同高，右手背向后 45°方向摆去，与肩同高时，右手掌翻转手心向上；眼视斜前方。（图 1-36）

2. 肩、胯慢慢向左转 45°，眼视正前方；右手以肘为轴，右前臂回收，止于手之虎口在右耳附近，左掌慢慢下落至胸前。（图 1-37）

图 1-36

3. 左掌继续下落至腹前，翻掌，手心斜向上，右肘下垂，右掌由横掌变立掌，好似推出一样。此时两手掌好似老虎之口。（图 1-38）

此动有"前打虎后撵猴之说"。

图 1-37

图 1-38

以上是定步右倒撵猴。定步左倒撵猴动作方法与此相近，不同处仅左、右手互换，肩、胯转动方向相反。

（三）定步云手

1. 平行站立，两脚距离比肩略宽，脚尖正对前方，身体正对南方；右手向上翻起，手心正对胸口；两脚微下蹲。（图1-39）。

图 1-39

2. 肩、胯向右转45°，右掤手随转45°，以肘为轴，前臂伸直，手臂内旋90°，手心向下，左手在裆部，手心向内，左脚跟、脚掌、四小趾离地，仅大趾着地（图1-40）。此过程中意想头顶气下沉分两股，一股经大椎、脊中、命门、会阴、右胯、右大腿、膝、右小腿到右脚；另一股经右肩、右上臂、肘、右前臂、腕到达右手。左脚虚净，右脚实足。

3. 右掌下落，肩、胯逐渐向左转45°，身体正对南方，左手向上掤起，止于手心正对胸，左脚四小趾、脚掌、脚跟着地（图1-41）。意想气从右脚起，经踝、右小腿、膝、右大腿、右胯、会阴、命门、脊中、大椎到头顶。

以上为定步导气右云手。定

图 1-40

太极导气松沉功

基础篇

图 1-41

步导气左云手的动作方法与此相近，不同处仅左、右手互换，肩、胯转动方向相反。

（四）定步揽雀尾

1. 身体成右式自然步站立，正对西方；右手慢慢翻捌，掌心向内正对胸，左手慢慢向上成立掌，掌心向外，位于右手掌后，成右捌式。（图1-42）。

2. 肩、胯向右转 45°；左手随势慢慢撑出成横掌，掌心向内，右手垂肘下落，掌心斜向上，与左手掌心相对，成左捌式；慢慢成右弓步（图1-43）。此时，头顶之气分两路，一路到右脚涌泉，另一路到左手捌出的手背。

图 1-42

图 1-43

　　3. 右前臂慢慢撑出，手指向西南方向，掌心斜向下，左前臂旋转，掌心向上，肩、胯向左转 45°，带动右掌，左掌向左胯斜下方回落，为捋（图 1-44）。左手到左胯边，右手到腹部前，身体慢慢向后坐成右半马步（图 1-45）。此时，气从右脚涌泉到百会再到左脚涌泉穴。气在两手心向斜下方走。

图 1-44

图 1-45

4. 右手上翻掤起，掌心正对胸，左前臂内旋成立掌，轻贴右手腕（图1-46），慢慢向正前方推出；身体慢慢向前移成右弓步，为挤（图1-47）。此时，左脚涌泉之气到百会穴分两路，一路落于右脚涌泉穴，另一路到右掤手、左推手。

图 1-46

图 1-47

5. 两手松开垂肘成俯掌，与肩同宽，以肘为轴，两前臂回收成立掌，掌心向前；身体慢慢后坐成右半马步（图1-48）。此时，气由右脚涌泉上升到百会穴，再到左脚涌泉穴和两手手掌。

6. 两掌慢慢向前推出；身体慢慢弓出成右弓步（图1-49）。然后以肘为轴，两掌下落成俯掌，为按（图1-50）。此时，气由左脚涌泉到百会穴，分两路，

图 1-48

图 1-49

图 1-50

一路落于右脚涌泉，另一路到两手手掌。

以上为定步右式揽雀尾。如练定步左式揽雀尾，则方法相近，不同处仅左、右手，左、右脚互换，肩、胯转的方向相反。

注意：气的走向到实脚涌泉，自然步时到头顶百会穴，手掤出、推出时到手臂、手掌。

八、活步搂膝拗步、倒撵猴、云手

（一）活步搂膝拗步

1. 预备势成右搂膝拗步定式，身体成右弓步（图 1-51）。右膝有微上提之意，右脚掌、趾稍离地，脚尖在肩、胯带动下右转45°，脚掌、趾着地（图 1-52）。重心移向右脚，右脚实足，左脚随动，脚跟、脚掌、四小趾离地，大趾仍着地，左脚虚净；右手背带前臂、上臂后摆，与肩同高时翻掌，掌心向上，左掌慢慢下落至腹前，掌心向内；眼视右后方45°（图 1-53）。此过程中意想气从头顶下落，经大椎、脊中、命门、会阴、右胯、右大

图 1-51

图 1-52

图 1-53

腿、膝、右小腿、踝，落于右脚涌泉。

2. 左脚大趾离地（不高于 10 厘米），慢慢回收至右脚旁；肩、胯向左转 45°（图 1-54）。松左肩，溜右臀，将左脚慢慢送出，脚跟着地；右手以肘为轴，前臂回抽成横掌，手之虎口位于右耳侧，左手下落，位于左膝右上方，掌心斜向下；眼视正前

图 1-54

图 1-55

方。（图 1-55）

3. 左脚掌、趾慢慢着地，脚尖对正前方，慢慢弓出成左弓步；右手垂肘，横掌成立掌，似推出样，左手外摆至左膝之左上方（图 1-56）。此过程中，意想气起右脚分两股，一股经踝、膝、右胯、命门、会阴、脊中、右肩、右肘、右腕到右手指（形

图 1-56

太极导气松沉功

基础篇

于手指），另一股气经踝、膝、右胯、命门、会阴、脊中、大椎到达头顶，经大椎、脊中、会阴、命门、左胯、膝、踝再到左脚涌泉。

以上为左搂膝拗步。右搂膝拗步动作方法相近，不同处仅左、右手，左、右脚互换，肩与胯转动方向相反。

（二）活步倒撵猴

1. 预备势取倒撵猴之左半马步定式（图1-57）。肩、胯向右转45°，重心落于右脚，右手下垂并向后摆（手背向后），与肩同高时手臂内旋，手心向上，左手缓缓向前伸直，手心向下，左脚跟、脚掌、四小趾离地，唯大趾着地；眼视左斜前方（图1-58）。此时意想头顶之气经大椎、脊中、命门、会阴、右胯、右大腿、膝、右小腿、踝，落于右脚底涌泉。

图 1-57   图 1-58

2. 左脚回抽至右脚附近，又慢慢向后撑出，脚尖着地（图1-59）。随着肩、胯向左慢慢转45°，左脚掌、脚跟慢慢着地，脚尖指向左前方45°；右手肘为轴，手掌回抽虎口在右耳附近，左手慢慢下落至胸前；眼视正前方（图1-60）。此时意想右脚之气经踝、右小腿、膝、右大腿、右胯、会阴、命门、脊中、大椎到头顶。

图 1-59

图 1-60

3. 身体慢慢后坐，右脚跟离地，向右摆45°，右脚尖对正前方，成右半马步；右肘下垂，右掌由横掌变立掌，好似推出样（图1-61），左掌继续下落至腹前，翻掌，手心斜向上（图1-62）。意想气从头顶百会穴分两股，一股经大椎、脊中、命门、会阴、左胯、左大腿、膝、左小腿、踝，落于左脚底涌泉；另一股气经右肩、肘，形于右手指。

图 1-61

图 1-62

以上是活步右倒撵猴，如练活步左倒撵猴，方法相近，不同外仅左、右手，左、右脚互换，肩、胯转动方向相反。

（三）活步云手

1. 并步站立，微微向下蹲；右手由腹前上挪到手心正对胸口为止，左手下落于左胯旁，手心向内（图 1-63）。此过程中意

图 1-63

想气从左脚上升，经踝、左小腿、膝、左大腿、左胯、会阴、命门、脊中、大椎到百会穴。

2. 肩、胯向右转45°，右手随着旋转，慢慢以肘为轴，手臂拉直，右掌翻转成俯掌；此时左脚后跟已离地（图1-64）。此过程中，意想气从头顶落下分两股，一股经大椎、脊中、命门、会阴、右胯、右大腿、膝、右小腿、踝到右脚涌泉；另一股经右肩、右肘形于右手指。左脚掌、四小趾离地，仅大趾着地。

3. 右掌下落；左脚外开一步，左脚大趾着地，两脚间距离略宽于肩，肩、胯左转45°，身体摆正。（图1-65）。

4. 左手由腹前慢慢向上掤到手掌心正对胸，右手慢慢下落，此时意想气从右脚底涌泉经踝、右小腿、膝、右大腿、右胯、会阴、命门、脊中、大椎到头顶。左脚四小趾、脚掌、脚跟慢慢着地。脚尖正对前方。

5. 肩、胯向左转45°；左手随着旋转，慢慢以肘为轴，手臂伸直，左掌翻转成俯掌，右手慢慢落到右胯前，右脚跟、脚掌、四小趾离地（图1-66）。此过程意想气从头顶下落分两段，一股经大椎、脊中、命门、会阴、左胯、左大腿、膝、左

图 1-64

图 1-65

图 1-66

小腿、踝到左脚涌泉，二股经左肩、肘形于左手手指。

6. 左手下落；右脚内收一步，在左脚附近成并步。

以上是向左云步，如向右云手方法是一样的，不同处是手脚互换。

修身篇

一、松胯、提膝、扩踝、松脚

（一）太极脚的修炼

"其根在脚"。修炼太极内功，应从脚下开始。脚在身体最下部，为全身之根，脚动，则全身动。脚跟维持重心之平衡，无论何种步法、步型，脚跟至少有一个着地。脚掌在脚之中前部，为全身重量之寄托，能够转移重心。脚趾左右各 13 个大小关节，人行走将滑倒之际，脚趾能维持重心平衡。

练成太极脚，必须懂得脚的放松法。即是脚平松落地（图2-1），不可踩地，脚趾要松开，脚掌有微微上提之意，涌泉穴有亲吻大地之感，有人称"脚心吻地"。脚与大地融为一体，周身不挂力。人的双腿、两脚的神经是深深扎在地下的根，躯体是大树之干，上肢是树权，手是树叶。您练拳时，是往地下扎根的过程，功夫越强根越深。

图 2-1

研究脚下的步型，有弓步（图2-2）、侧弓步（图2-3）、马步、半马步、虚步（图2-4）、虚丁步（图2-5）、并步、平行步、仆步（图2-6）、独立步等十种步型。我根据太极十三势设计十弧八线二旋确定其准确的方向方位（注：后有图表示），脚下的

图 2-2

图 2-3

图 2-4

图 2-5

图 2-6

图 2-7

尺寸关系着身型的中正安舒，要求是十分严格的。

　　"上下一条线，脚下阴阳变"，脚下的阴阳（虚实）变化对学好太极拳十分重要。太极拳脚下的虚实变化是渐变而不是突变。如"起势"，前面写过纵向导气在虚实变化中，设实脚乘重量为10，虚脚为0，则实脚乘重量逐渐从10、9、8、7、6、5、4、3、2、1到0，虚脚乘重量逐渐从0、1、2、3、4、5、6、7、8、9到10，由此实脚变虚为0，虚脚变实为10。气的走向均是由实脚上行至头顶，再由头顶到另一只虚脚。气不能以腰胯横以实向虚送（图2-7）。这种渐变式虚实变化，应该贯穿在整套拳的始终。拳论云："上下一条线，脚下阴阳变。"练拳、技击中的阴阳变化是在脚下。在瞬息万变中，太极拳的阴阳变化仍然在脚下，不可能在任何别的部位。我们修炼的是太极脚，要求脚平松落地，脚与大地融为一体。不要求脚背弓、趾抓地，这有悖太极拳的轻灵。脚趾由若干个小关节组成，趾关节的放松牵到周身的放松。双脚平松落地，脚趾自然舒松，脚跟、脚掌亦同时放松。练拳一定要在脚下用功，一点力不挂，脚便有上浮之感，也就是我们追求的离虚。

太极拳有上步、退步、撤步、跟步、侧行步、盖步、插步、摆步、扣步、碾脚 10 种步法。各种步法均要求迈步如猫行，轻灵平稳，转换进退虚实分明，如前进步与后退步（前面已写过）。其他步法，掌握虚实转变是渐变，落地时脚的小关节要松开，要轻灵平稳。这样脚的步法轻灵平稳，周身上下相随，虚实变化自如，也符合老子说的"道法自然"。

（二）扩踝、提膝、松胯

踝是脚与小腿及身体连接的重要关节，松踝才可能管道畅通，从松脚、松踝节节贯穿，松到头顶，松到手指。意领扩踝即可使踝放松。练拳时两踝千万不可用力，两踝才会有热胀感觉。此外平时行走，都要注意放松两踝，养成踝不挂力的习惯。

膝是太极拳家特别关注的连接大腿与小腿的关节。如练拳时方法不当，膝很容易受伤。膝之放松有上提之意，以松脚自然提为准则，如此行功，膝不负重。身体转动时，以腰、胯带动，此时膝有上提之意，膝随之而动，胯、膝、踝随时在一条直线上，膝不负重，充分放松。

胯在太极拳中占有十分重要的地位，是腰腿转换之处的主要机关。髋关节松不开，腰腿动作就不能灵活协调。松胯时两边胯尖意往两侧突出，然后意往下松，有"松肩落胯"之说，杨式太极拳又有"塌胯"之说。切忌练拳与技击时随意扭动双胯，这时胯之僵滞，容易被对方借力而受制。

二、松肩、垂肘、松腕、展指

（一）太极手的修炼

手在太极拳的体用中十分重要。拳论经典中关于手的论述有"妙手空空""形于手指"等。我们要求修炼成乎合太极阴阳学说之手。从手的构成来看，手由手指与手掌组成，手指由拇指、食指、中指、无名指、小指组成，每个指有每个指的用途，分工明确。手指之屈伸可分为金刚指（图2-8）、金剪指（图2-9）、三阴指（图2-10）、金铲指（图2-11）。手型为掌、拳、钩三种。由五指互靠，分开可分为柳叶掌（图2-12）、鹰爪掌（图2-13）、虎爪掌（图2-14）等。基本掌型有立掌、平掌、俯掌。立掌五指微分，手之虎口向上圆张（图2-15）；平掌掌心向上（图2-16）；俯掌掌心向下（图2-17）。一般太极拳以荷叶掌为好，这是舒松自然的掌型，五指自然分开，宽度与掌一样为好，微屈五指，掌心微含，虎口成弧行，平掌时似荷叶状（图2-18）。屈指

图 2-8

图 2-9

图 2-10

图 2-11

图 2-12

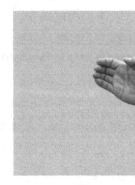

图 2-13

图 2-14

图 2-15

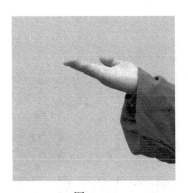

图 2-16

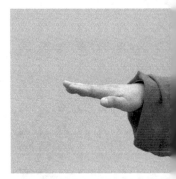

图 2-17

图 2-18

图 2-19

握固成拳，可分为掐拳（图 2-19）、钉拳（图 2-20）、豹拳（图 2-21）等。一般拳须松握，五指卷曲，拇指压于食指、中指第二节上（图 2-22）。钩由五指之逐一拢实而成，分实钩（图 2-23）和虚钩（图 2-24）。太极拳要求手指关节松开，手成舒松状态。手指关节松开有对拉拔长之意，一个手指关节松开、前伸，要体会邻近的手指关节有回拉、回收之意。所谓"手要空"，主要指手心空、劳宫穴有含球感。太极拳是拳也是手，也就是"太极手"，手应被动，不唱主角，进而练成空手，形于手指，应修炼

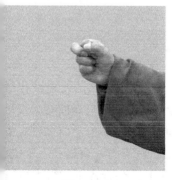

图 2-20

图 2-21

图 2-22

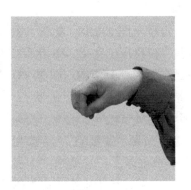

图 2-23

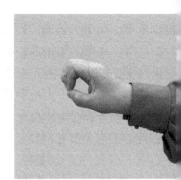

图 2-24

成"妙手空空"之"空手"。

（二）松肩、垂肘、松腕

太极拳的任何姿态，均以松肩为主，肩松则两臂之动作敏捷，举止自然；肩寒全身僵，肩紧全身滞，故松肩是所有太极拳习练者梦寐以求的功法。注意松肩而不是沉肩，有意沉肩则失去自然，很难轻灵。杨澄甫先生解释是"沉肩者，肩松开下垂也，若不能松垂，两肩端起，则气随之而上，全身皆不能得力也"。松到肩部时注意肩井穴。松肩退去肩的本力，最佳的选择是绺拳，练拳时什么意念也不放入，只是练松肩。练拳中，右脚实出左脚时注意松左肩；左脚实、出右脚时注意松右肩。动动松虚脚那边的肩，一套拳练下来肩很松柔，周身舒服。

肘在肩、腕中间，连接前臂与上臂。肘不松则上肢僵硬，气难通，不仅技击上吃亏，对保健养身也不利。太极拳要求垂肘，要求自然垂肘，意识上垂肘。松到肘尖时，注意曲池穴。垂肘应与松肩配合，在外三合中，肘与膝合，对上下相随之拳法起重要作用。

松腕在周身放松中占据重要地位，有鼓腕（图2-25）、直腕（图2-26）、坐腕（图2-27）之说。以"直腕"为好，即手掌放平伸直，注意掌心含虚，五指略舒，保持灵机活泼。腕部僵紧，肘、肩受制，手也难空松。腕不能弧立松柔，要配合松肩、垂

图 2-25

图 2-26

图 2-27

肘，还需要手松，手不挂力，腕才能真正松开。

三、溜臀、裹裆、收腹、松胸、空腰、圆背

（一）溜臀、裹裆

拳论有"尾闾中正神贯顶"。这个尾闾是脊椎的根部尾骨部位，在臀部中下部位。臀部的动作由尾闾、两胯带动。太极拳要求臀部下收，或称溜臀，方可保持身体正直。溜臀有阴、阳之分。先松脚，阴溜臀是从上往下前溜臀，尾闾向下前弯溜（图2-28）；阳溜臀是从上往下直溜（图2-29）。太极拳要求松腰必须与溜臀同时习练。

裆在会阴穴处，会阴与百会穴上下呼应，自然疏通任督二脉。我们练拳时，裆不可着力，以虚为要，两大腿肌肉外面向里包裹，注意裆开一线为好，称"裹裆"。裹裆应与溜臀同时练习，

图 2-28

图 2-29

步法自然灵活，阴阳转变自然。

（二）收腹、松胸、空腰、圆背

收腹可使体内轻轻松松，呼吸顺顺畅畅。臀、裆、腹是紧密相连的三个身体中部部位。臀、裆松活，腰空，背圆灵活不滞，使全身松开，虚实变转，开合自然，这是收腹的功效。有的拳家认为"气沉丹田"很有必要，根据我练功体会，认为初、中级阶段必须练丹田功。丹田得气，可使周身血气畅通，保健养生效果明显，发劲时由丹田起动，效果很好。而在太极拳高级阶段，丹田应该是空空的才不会影响小腹松静灵活。丹田"四不存"为上乘之功法，即"练气不存气，练意不存意，练劲不存劲，练血不存血"。

胸部是最难放松的部位，有"含胸"之说。我认为含胸不应该明显观察到两肩前倾、前合，否则胸部难以松下来。松胸与松肩配合，有轻灵之感出来。松胸与拔背配合，脊椎节节松开，气更畅通。

腰为太极拳之主宰，是承上启下沟通上身与下肢联系的枢纽。我们练拳时，初级阶段，每个拳势动作均应以腰带动，意想百会到会阴有对拉、使脊椎有拔长之意。中、高级阶段练习空腰，练成后功夫达到上乘。腰松不开，对下胯、膝僵紧，脚松不开；对上肩、肘、腕、手松不开，本力退不掉。可见腰是承上启下的大关节，空腰至关重要。

背要圆，称圆背，似龟背。圆背是练拳过程中松空而得，圆背与空胸联系最密切，松腹、空腰、脊椎节节上升，周身能松静下来。

拳理篇

一、阴阳变转

　　《太极拳论》开宗明义："太极者，无极而生，动静之机，阴阳之母也。"阴阳是太极拳的根本。拳论中，又强调习练太极拳的关键是"阴不离阳，阳不离阴，阴阳相济"。练太极拳一定要循太极阴阳学说，按功理、功法规范练习。"阴阳"是代号，不是实体，代表性质一致性向相反的两面。"阴阳"本为一体，所以性质一致；"阴阳"代表一体的两面，故性向相反，任何具备性质一致而性向相反的东西都可以作为抽象思考的工具。"阴阳"的性质可用三句话概括："阴不离阳，阳不离阴。""阴极阳生，阳极阴生。""阴即是阳，阳即是阴。"太极拳理确定，阴为意之隐，是虚，是空，是无，是合，是静，是松柔，是虚灵，是舍己从人；阳是阴的对立面，是意之显，是实，是有，是开，是动，是坚刚。"阴阳相济"在技术运用中是相当普遍的，董劲的高手，能自己把握技艺，外形上安静地站立不动，而接触点上已经柔化开对方进攻的力点，一进一化仅在瞬间的微见阴阳变化中柔化开对方进攻。（图3-1）

图 3-1

二、虚 实 渐 变（动分阴阳）

在老子《道德经》中，虚实际上常和无、空概念相通。我们说一个人有修为，有涵养，会说这个人"虚怀若谷"。太极拳讲究修内，称之为虚，而实者是丰富充满之意也，实实在在也。故太极拳修炼中将虚为体，实为用，实际上实是虚的用，是虚的外在体现。"动之则分，静之则合"。动之则分是太极拳的规律，是让从学者动分虚实，没有虚实便抽掉了太极拳的特性，就不成其为太极拳。太极拳动作与动作的衔接处要分出虚实，虚实即阴阳，有阴动与阳动之说。我教太极导气松沉功拳架40式共132动，以单动为阴动，双动为阳动，其中阴动66个，阳动66个。阴动的起点，是阳动的止点，而阳动的起点，则是阴动的止点。须分清两手的虚实、两脚的虚实及虚实随意互换。拳艺有一定造诣之后，单手虚实可变换，单脚动分虚实也能把握。不仅要分清手、脚虚实，身体一处有一处虚实，处处总此一虚实。从外形上看，右蹬脚时，合手提脚为虚（图3-2），开手蹬脚为实。（图3-3）

图 3-2

图 3-3

三、动静开合

开合在太极拳拳艺中占主导地位，不同阶段对开合有不同体会。初级阶段，一般人认为开合是指屈伸、进退、俯仰、起落等，由腰、脊椎主宰达于四梢（指手与脚的尖端）的动作叫做'开'；从四梢回归腰的动作叫做"合"。但这只是外形上称谓的开合。到中、高级阶段，有内功修为，讲内劲的开合和神、意、气结合的开合，这才是太极拳的开合。技击、推手不是比胜负而是比内功，也就是开合，谁开合的动作小，不被对方察觉，就说明他的内功深厚，太极功夫高深。"腰没有松开，未悟道开合"，千万不可与人推手较技。合便是收，开即是放。懂得开合，便知阴阳。静是合，合中寓开。动则俱动，动是开，开中寓合。要于阴阳开合中求之。

四、安舒中正

《拳经》曰："尾闾中正神贯顶。"太极拳姿势，无一势不正，而主宰于尾闾，全体上身，全赖脊骨支撑。脊骨下端要中正不偏，通体要直上，与头顶之劲相贯通，则上身正直，即"立身中正安舒"。中正和安舒是相辅关联的内外双修的方法，中正是外形，内求安舒，安舒指心神、意气。安舒中正应求得心神、意气的安静，精神放松，不影响外形的体净。凡在对敌时失败倒地者，皆因身体不正，或俯、或仰、或偏、或倚，自己处于失败地位也。这是心神、意气僵紧之过，须调整心态，顺畅呼吸，恢复心神的安静。身形的中正是以心神、意气的安静为基础的。如

图 3-4 图 3-5

云手、下势之"立柱式身形"（图 3-4、图 3-5），安舒中正应和"立柱式身形"结合在一起修炼，效果更佳。

五、用 意 不 用 力

习练太极拳能以意行，不用力练拳，太极拳以阴阳为母，拳之灵魂是松柔，深层次达到松空、松无，直至"全身透空"的最高境界，这绝对不是用力练拳出来的功夫，而是以意行拳得到的。行拳不用力，把握松、柔、圆、轻、缓的特性，自然采取"用意不用力"的训练拳法。只有意行，方可渐渐退去人体中的本力，使体内六阴六阳经络畅通，血液循环系统及微循环系统通畅无阻。练拳分练体、练气、练神三个阶段。练体时，重点应当落实在轻慢、顶头、塌胯、上下相随等外在可见的规律，以力求拳法之正确。练气为主时，应注意内外相合，以腰带动四肢圆、匀、轻、沉、稳等规律，只有如此，才能有规律地调动内气，收到武术健身效果。练神之时，外形早到了脱规矩而合规矩的程度，应舍外求内，对牵强的揉手更细微，配合更巧妙，每式不多动，不妄动，不乱动。以力行拳有悖拳论，有悖老子"道法自然"的警示。

六、六 法 与 健 康

太极拳六项法则为顶头悬、尾闾收、含胸、拔背、沉肩、坠肘。顶头悬要求虚领顶劲，虚领者不能用力上领，顶劲是又恐上领不足。通俗的办法是意想头顶接天，如此则意到、气到、血行，对老年人供血不足大有裨益。尾闾收即尾骨向前弯曲，如同托住小腹。顶头悬相系则背后大椎骨成对拉状态，对腰间盘突出、颈椎病患者有矫正、恢复作用。含胸和拔背，两者有相关之处，能含胸即能拔背。含胸者有两肩相向之意，一般只能浅含，而且只是一刹那之时。含胸可扩大肺活量。拔背者，背肌上提之象。可用背如背锅来比喻（图3-6）。拳家有云"气贴脊背"，是说在发力时脊骨上有一巴掌大的气表集在背上随即发出，此乃丹田发出来的气。沉肩，肩为气门，耸则气上升，沉则气到下丹田。丹田乃道家炼内丹之处，炼丹者以精、气、神为药物，以肾为炉鼎，在高度入静下以求达到形神俱妙。坠肘，肘为掩护软肋之用，软肋为人体受攻击的薄弱之处。肘

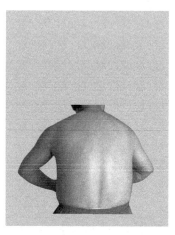

图 3-6

的上抬高度不能超过水平。拳家有云："肘尖下垂全身松，肘尖上抬全身空。"究其实质而言，精是根本，气是动力，神是主导，三者合成人体的能量流，此乃生命的原动力。据科学分析，太极拳运动主要针对调整自身内分泌和激素而言，能加强精神系统的自控能力，对健康、养身、延年益寿很有好处。

方位篇

一、"太极十弧八线二旋"的产生

由太极拳的四正、四隅决定东、南、西、北四个正方向，东南、西南、东北、西北四个斜方向，即八个方向。用平面坐标表示为米字形，从中心 0 点出发有八条线。以 0 为圆心，人的步幅长度为半径作平面圆，圆圈与八条线的交点，构成八个弧线。太极拳走圆、走弧线，这个平面圆表示太极拳运动的平面投影。而太极拳的运动是空间球体，我们再以中心 0 为球心，人的步幅长度为半径作一个立体球。原平面圆是该球的赤道圆。球可体现太极拳向上、向下的弧线运动。这样产生的向上弧、向下弧两个活动弧，再与八个相对固定的弧相加有十个弧线。另外，手臂自转有内、外二旋。所以，以"十弧八线二旋"可准确描述太极拳手、脚的运动的方向、方位变化及手背的旋转变化和掌型的变化。

二、认识"太极十弧八线二旋"

为了准确把握太极拳每个动作的方位方向，我用"十弧八线图"（图 4-1）表示出来。球体中间赤道圆有八条线与八个弧（图 4-2），其投影在地面上，实脚在中心 0 点，虚脚在适当的位置，可决定步型中脚的方位、方向，还可以决定步法中虚脚出脚的方向、方位。

注意：八线中南北称正线，东西称东西正线，东北至西南，西北至东南为偶线。

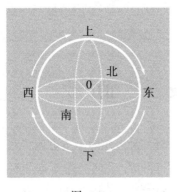

图 4-1   图 4-2

球体中间赤道圆有八条弧，按顺时针旋转称为12、23、34、45、56、67、78、81弧；按逆时针旋转八条弧反过来，称为18、87、76、65、54、43、32、21弧；八个方向如向南开，向南合，向西南开，向西南合……（简称南开、南合、西南开、西南合……）这样就有开合八个方位方向。立体球中任何点，向上转为向上弧线，向下转为向下弧线，手臂的向外、向内旋转由外旋、内旋二旋决定。以上可以把手、脚运动完整地表现出来，可以决定手脚运动空间的方向、方位，即轨迹图。

三、"太极十弧八线二旋"使用注意

1. 如果只研究步型中脚的方位、方向，只使用"八方线"可以了。

2. 如果只研究手、脚的平面走向，即在地面上的投影，用"八弧八线"可以办到。

3. 如果要研究手、脚、身型空间变化，用"十弧八线"能办到。

4. 再进一步研究手臂旋转方向，也就是决定手掌之立掌俯掌、平掌、横掌等，即人整体的太极拳运动，必须使用"十弧八线二旋"方法，即四维空间定位法才能实现。

由此可见，人身为一小太极，也是一个小太阳系，手为其行星，有公转，即手围绕身体中心线（重心）转动；有自转，即手掌被手臂带动的旋转。

四、用"太极八线"定位各种步型示例

例1：揽雀尾之右弓步或右半马步。（图4-3）

例2：如封似闭之左弓步或左半马步。（图4-4）

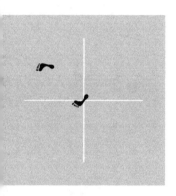

图 4-3　　　　　　　　　　图 4-4

例3：斜揽雀尾之右弓步或右半马步。（图4-5）

例4：斜单鞭之左侧弓步。（图4-6）

例5：云手之马步。（图4-7）

例6：起势或云手之并步。（图4-8）

例7：起势或十字手之平行步。（图4-9）

例8：提手上势之右虚步。（图4-10）

例9：白鹤亮翅之左虚丁步。（图4-11）

例10：单鞭或下势之扑步。（图4-12）

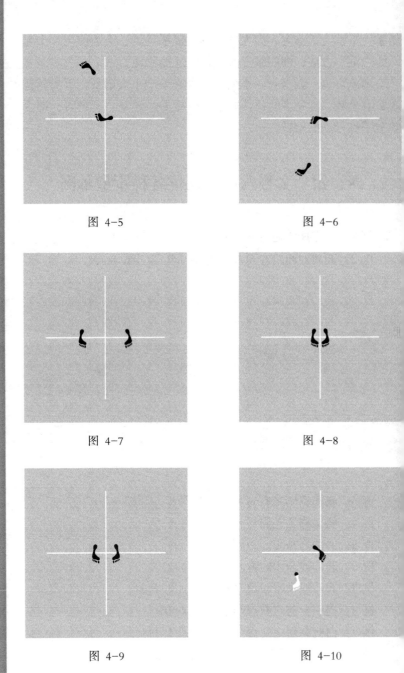

图 4-5

图 4-6

图 4-7

图 4-8

图 4-9

图 4-10

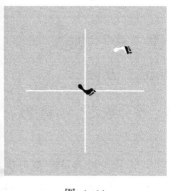

图 4-11   图 4-12

例 11：金鸡独立之左独立步。 （图 4-13）

例 12：金鸡独立之右独立步。 （图 4-14）

注： 为全脚落地；为脚后跟落地； 为脚趾触地； 为不着地的脚之投影。

图 4-13   图 4-14

五、用"太极十弧八线二旋"决定 两个拳势动作的方位、方向

（一）揽雀尾（按掤、捋、挤、按分成四个小动作）

第1小动：

掤，步型如图4-3开始时右半马步，左脚支撑身体大部分重量，左脚尖对西南方向（八线的第二线），右脚尖对准西方向（八线的第三线）（图4-15）。此时动作可分为两个部分。第一部分，脚慢慢动起来后逐渐变成自然步，此时左右脚平均支撑身体重量；右手横掌，手背向第三线方向，沿上弧线掤出，左手立掌，手心向第三线方向，沿上弧线跟随右掌而出。第一部分完成了右掤式（图4-16）。第二部分，脚下步型由自然步到右弓步，右脚支撑身体大部分重量，左手背内旋，由立掌渐变横掌，手背沿第三线方向掤出，右掌外旋，由横掌渐变斜立掌，沿34弧线运行。第二部分完成了左掤式。（图4-17）

图 4-15

图 4-16

图 4-17

第 2 小动：

捋，脚下步型由右弓步到自然步再到右半马步；右手前臂内旋成俯掌，手心向下，手指向第二线方向；左手前臂外旋成平掌，手心向上，手指向第四线方向（图 4-18）。身体稍左转，两手随胯腰的带动向第四线方向下弧线合，即回捋，称左捋式（图4-19）。注意：此动为脚动手不动。

图 4-18

图 4-19

第 3 小动：`

挤，脚下步型由右半马步渐变成右弓步；右手前臂内旋成横掌掤起，手心向内，手指向南第一线方向；左手内旋成立掌，掌心朝前，轻贴于右手腕部（注意：此时手动脚不动），以后左、右手向第三线方向开挤出（注意：此时脚动手不动），也称右挤式。（图4-20）

图 4-20

第 4 小动：

按式动作可分为三小段动作。

第一小段：步型由右弓步渐变成自然步；身体后坐的同时右臂外旋，两手向两边分开从俯掌变成立掌，掌心向前，垂肘，两掌间距离与肩同宽，注意：此时手脚一起动。再沿第三线方向下弧线合，脚下步型由自然步变成右半马步。（图4-21、图4-22）

图 4-21　　　　　　　　　　图 4-22

第二小段：脚下虚实变，步型由右半马步渐变成右弓步；同时两手型不变，沿第三线方向上弧线开（图4-23），注意：此时脚动手不动。

第三小段：由右弓步回坐到自然步；两手由立掌变俯掌轻轻落下，向第三线下弧线开（图4-24），注意：此时手脚一起动。这三个小段动作结合在一起完成了按式动作。

按动分阴、阳动。第1小动为开，即阳动；第2小动为合，即阴动；第3小动为开，即阳动；第4小动先合后开，有阴动又转阳动。

图 4-23

图 4-24

（二）左搂膝拗步（从白鹤亮翅过渡到左搂膝拗步的动作，可分为四小动）

第1小动：

起势前为白鹤亮翅之末，步型为左虚步（参见图4-11）；右手立掌过头部，左手俯掌在左胯外侧（图4-25）。起动后脚下步型不变，仍为虚丁步（此为脚不动）；右手前臂内旋，手心向里，沿87弧线平划向左，然后由第7线向下弧线走落于腹部右前方；

左手内旋，沿 67 弧向右缓动（图 4-26）。此势为合，为收，也可以称为阴动。

图 4-25

图 4-26

第 2 小动：

接上动。步型仍不变；右手由腹部右前方手背向后，沿第 2 线方向向上弧线走，手与肩同高，手臂向内旋转成平掌，手指尖指第 2 线西南方向；左手沿 78 弧线走，手臂内旋转成横掌，手心向里，手指第 1 线（南）方向（图 4-27）。此势为开，为放，也称阳动。

第 3 小动：

左脚向第 7 线（正东）方向伸出，脚后跟轻轻着地，步型为自然步；右手经第 2 线上弧纠合，屈肘到右耳根部，右手为横掌，手心向前，掌指向左上方，

图 4-27

左手内旋成斜俯掌，指尖斜向下，经87弧线向下弧线到左膝前（图4-28）。此势为合、为收，也称阴动。

第4小动：

步型由自然步渐变成左弓步；右肘下垂，右掌前推外旋成立掌，沿第7线（东）方向推出；左手斜俯掌，经左膝前沿76弧线搂出，掌指向前，掌心斜向下（图4-29）。此势为开、为放，也称阳动。

图 4-28

图 4-29

拳架篇

一、拳架一般要求

太极练习者在教师的指导、示范之下，细心模仿一招一式拳势动作，体会必不可少的规律，如立身中正、安舒松静、虚灵神顶、松肩垂肘、劲收丹田、松胸圆背、松腹溜臀、呼吸自然、动作和顺、用意不用力、上下相随、内外相合、迈步如猫行、运劲如抽丝、分清虚实、连绵不断、举动轻灵、运行和缓等，要求逐渐完全掌握。

教师还要纠正学生的姿势。如四肢各部分的距离，身势的重心，所面对的方向，进退转换的姿势，转换是否渐进，拳、掌、肘、腕、肩、腰、胯、膝、脚、头顶、脊背的规矩，俱要求正确，凡有不对的地方，必须仔细加以纠正，以便打下良好的基础。

二、狠抓重要三点

（一）导气通筋

首先要讲究拳架一招一式的正确性、准确性，手、眼、身、步的协调性，然后注意各式之间的连贯性，总之要符合太极拳理，最后力求拳架圆活平正、松柔舒缓，并达到不思之行的自动化程度。

拳架基本练习正确后，我们可以在盘架中"找"气了。此时立从注意拳架外形中解脱出来，轻轻松松注意肢体内部的情况，缓缓地走架，静静地用功，意想气在体内的运行，这称为导气。

举例：掤手上式。

第 1 小动

起势之末，平行步站立，意想气上升，将两手慢慢斜向上托，右膝稍有上提之意，右脚趾、前脚掌稍离地面，以胯、肩带动腰向右转 90°，带动右脚前掌外摆 90°。（图 5-1）

第 2 小动

意想气从左脚上升，经踝、膝、左胯、脊、颈到头顶；气再由头顶下落，经颈、脊、右胯、膝、踝、落于右脚。此过程中，右脚前掌、脚趾平松落地，右脚实足，左脚后跟、脚前掌、四小趾离地；左手随右转，手心向上位于右胯前，右手随转向右划弧至右胸前，掌心向下，两手成抱球状。（图 5-2）

第 3 小动

肩、胯带动腰慢慢向左回转 45°，意向右肩之气下落至臀部，臀部下垂，把左脚向西南方向送出去，脚跟着地。（图5-3）

图 5-1

图 5-2

图 5-3

第4小动

意想气从右脚拔起上升，经踝、右膝、右胯、脊分两路，一路经左胯、膝、踝落于左脚，此时左脚掌、脚趾慢慢落地成左侧弓步；另一路经左肩、肘达于左手背，此时左臂内旋，慢慢掤出，高度与肩平，左肩下松，手心朝里，对着胸口，右掌慢慢下落护于右胯前，手心向下。（图5-4）

图 5-4

通过导气能使内气畅通，筋络通畅，周身关节尽快松开，且节节贯穿，肌肉不僵不紧，从汗毛深入到皮、肌肉、筋骨，自表及里到骨骼。

（二）阴阳为本

太极拳经曰："太极者，无极而生，动静之机，阴阳之母也。"又强调："阴不离阳，阳不离阴，阴阳相济。"太极拳是独具特性的拳种，它以阴阳为根本，离开阴阳便没有太极拳。太极拳是在阴阳变化中行拳。练习太极拳一定要循太极拳阴阳学说，按功理功法规范练习。杨禹廷大师说："太极拳就是一阴一阳两个势子，一通百通。"阴为意之隐，是虚，是静，是空，是无，是合，是松柔，是虚灵，是舍己从人；阳是阴的对立面，是意之显，是实，是动，是有，是开，是坚刚。

我教的太极拳导气松沉功拳架40式共132动，以单动为阴，双动为阳，其中66个阴动，66个阳动。如揽雀尾6个动作，3个阴动，3个阳动；两个玉女穿梭8个动作，4个阴动，4个阳动。如果过去不习惯，从现在起就要将动作分成阴阳，以阴阳变转行拳。把握了阴阳变转行拳，还要注意阴阳起止点，又称"接头"。在阴阳瞬间变转的"接头"，阴在阴一次，阳在阳一次，学名称"虚中有虚，实中有实"。"其根在脚"，注意脚下阴阳变转。

（三）松沉为魂

太极拳习练者特别看重松沉功夫，将松沉列为拳之魂。太极拳的松，从外形可以看到，习练者处于松沉状态。从外形上看，收肩则松，肘垂则松，落胯则松，屈膝则松，收尾闾胯则松，腹腔内合则松，举动很轻灵，每个动作走弧形，以松、沉、圆、缓、轻行动，将有棱有角的八门五步十三势、八个方位走圆活，看上去没有棱角，而是圆，是圆环套圆环，似一个球体在滚动。拳架到这个火候是很不容易的，要付出极大的努力。练太极拳要脱胎换骨，周身上下所有的大小关节要松开，包括手指、脚趾的小关节也要松开，还要节节贯穿。肌肉也要放松，随意肌松弛随意，不随意肌不僵不紧。行拳中随着意念行气，气到哪里松到哪里。

三、40 式太极导气松沉功拳架动作名称

1. 预备势	2. 起势	3. 掤手上势
4. 揽雀尾	5. 单鞭	6. 提手上势
7. 白鹤亮翅	8. 左搂膝拗步	9. 手挥琵琶
10. 进步搬拦捶	11. 如封似闭	12. 十字手
13. 抱虎归山	14. 肘底看捶	15. 右倒撵猴
16. 左倒撵猴	17. 斜飞势	18. 右云手
19. 左云手	20. 下势	21. 左金鸡独立
22. 右金鸡独立	23. 右分脚	24. 左分脚
25. 转身右蹬脚	26. 左搂膝拗步	27. 右搂膝拗步

四、几个重点拳架的练法

揽雀尾、搂膝拗步、倒撵猴、云手、　手上势这几式为最重要拳势动作，因前面已讲过，这里不再重复。下面分几组拳势动作介绍练法：

（一）单鞭、提手上势、白鹤亮翅

1. 单鞭

动作1：

接前式揽雀尾（参见图4-24）。右脚掌、趾稍离地，肩、胯带动腰向左转135°，带动右脚尖向左摆135°，两手平抹135°，手心均向下；眼神由右向左转，眼视的方向比手的动作超前一点（图5-5）。此时，意想气由右脚上升，经踝、膝、右胯、脊、两肩、肘、腕到两手指尖，在气的推动下由右向左旋转。

图 5-5

动作2：

右脚掌、趾着地，重心落于右脚，左脚提起收回落于右脚旁，左脚趾落地；右手四小指微屈，由左向右经胸前挂出，到右方伸直时变勾手；左前臂内收、内旋，掌心正对右胸，置于胸前15厘米处；眼神由左向右视右勾手处（图5-6）。此时，意想气一股随右手达右勾手处；另一股沉至右脚。

图 5-6

动作3：

左脚趾离地，偏左前方上一步，后跟着地，慢慢踏实，右腿由屈慢慢伸直成自然步；右勾手不变，左手随腰胯左转45°，慢慢挪出，并以肘为轴逐渐伸直；眼神较手的动作提前一点，视左脚将要出脚的方向（图5-7）。此时，意想气一股从右脚经踝、膝、右胯、脊提到头顶；另一股顺左手背挪出至手背。

图 5-7

动作 4：

松右肩，垂臀，左脚慢慢弓出，右脚前送，重量分配左 7 右 3，成左侧弓步；左掌外旋成斜向前立掌，随着身下沉稍伸出，右勾手随着向右侧稍拉；胸被带动，有展胸之意，头部向左转 45°，眼视左手前方（图 5-8）。此时意想气一股从头顶落于左脚；另一股由背脊起分两路，经左肩到左掌、经右肩到右勾手。

图 5-8

2. 提手上势

动作 1：

由前式单鞭之末起。左膝有上提之意，左脚趾、脚掌稍离地，脚尖内扣 45°，脚掌、趾慢慢着地，重量全部落于左脚，右脚跟、脚掌慢慢离地；右手变掌，左、右手内旋落于腹前，两手心相对，与肩同宽；头部右转 90°，眼视正前方（图5-9）。此时，意想气慢慢落于左脚。

动作 2：

右脚趾离地，右脚慢慢提

图 5-9

起，离地高度不大于 10 厘米，向右前侧伸出，右脚跟微微点地；左、右臂同时舒展，两臂内旋，手心向下，慢慢提起，两手盖出，两臂距离与肩同宽，然后手心向内旋，左掌辅于右肘旁，腕背伸直，有垂肘之意，微成弧形；眼视正前方（图 5-10）。此时，意想气由两臂上提而上升，以气导动两手相合掌。

图 5-10

3. 白鹤亮翅

动作 1：

接提手上势。随着腰胯向左转 90°，带动右脚尖向左转 90°。然后右脚前掌、趾着地，左脚趾、脚掌离地，左脚尖向左摆 45°；两手慢慢落下，右掌落于右胯前，左掌落于左胯前，掌心均向内；眼神随之左旋视左前方（图 5-11）。此时，意想气随动作而左旋，当右脚掌、趾离地，气有从右脚上提之意到丹田。

动作 2：

左脚掌、趾着地踏实，重心落于左脚，右脚跟、脚掌、脚趾依次离地提起，并向右前方上一步，脚跟落地；右手下垂护裆，左手轻扶于右肘间。眼视右脚踏地的前方（图 5-12）。此时意想气沉于左脚。

图 5-11

图 5-12

动作 3：

右脚掌、趾逐渐落地，慢慢踏实，慢慢弓出成右弓步，重心落于右脚，左脚跟渐渐离地，左脚虚；右肩、右肘慢慢靠出；眼视右前方（图 5-13）。此时，意想气从左脚拔起，一股气经踝、膝、左胯、脊到右肩、右肘靠出；另一股气落于右脚。

图 5-13

动作4：

左脚提起收回在右脚斜前方，脚尖点地，右脚慢慢由屈伸直；左手向前捞，下降分开置于左胯外侧20厘米处，右手以手背向前提起，止于额头上方，掌心向前；眼视正前方（图5-14）。此时，意想气由丹田经背脊、右肩到右掌。

图 5-14

（二）进步搬拦捶、如封似闭、十字手、抱虎归山、肘底捶

1. 进步搬拦捶

动作1：

接前式手挥琵琶动作（图5-15）。腰胯向左转45°，带动左脚尖外摆45°，然后左脚掌、趾慢慢落地，重心落于左脚，右腿跟、脚掌、脚趾相继离地，右脚向前方伸出一步，脚跟着地；两手内旋，慢慢下落，手心向里，左手位于左胯旁，右手护裆；眼视左前方（图5-16）。此时意想气由右脚向上拔起经踝、膝、右胯、脊提到头顶，由头顶经背脊、左胯、膝、踝落于左脚。

图 5-15　　　　　　　　　　图 5-16

动作 2：

搬。右脚随腰胯右转，右脚尖外摆 45°，脚掌、脚趾慢慢着地；右掌变拳，随腰胯右转向前自左向右侧手臂外转，拳眼向右上方，左手轻扶右前臂以加强搬的分量；眼视搬出方向（图 5-17）。此时，意想气由左脚经踝、膝、左胯、脊、右肩、肘、腕到右拳背面。

图 5-17

动作3：

拦。重心慢慢移于右脚，左脚跟、脚掌、脚趾依次离地，收回，向左前方迈出一步，脚跟着地；左掌成斜立掌向前撑出拦击对方，右拳下落于右腰旁，拳眼向右；眼视正前方（图5-18）。此时，意想气一路由脊骨下行至右脚踏实，另一路至左掌。

图 5-18

动作4：

捶。左脚掌、脚趾渐渐落地，脚尖正对前方，成左弓步，右腿伸直，重力为左7右3；右拳随腰腿之劲冲出，右前臂同时内旋，拳眼向上，左手内旋回收，垂肘，掌心正对右肘窝，两手距离与肩同宽；眼视正前方（图5-19）。此时，意想气从右脚拔起经踝、膝、右胯到腰脊，分两路，一路沉于左脚，另一路经右肩、肘、腕到右拳面。

图 5-19

2. 如封似闭

预备势：

进步搬拦捶之定式。

动作1：

左掌翻仰，穿过右肘下，以手心缘肘护臂向前翻出，右拳松开成掌，缓缓后抽，两臂斜交成十字型，手心向里，是为封；眼视左掌去之前方（图5-20）。此时，意想气达左掌，气附于右肘。

图 5-20

动作2：

两手心向怀内合，慢慢分开，两臂内旋，手心向外成立掌，两手距离与肩同宽；左腿由屈变直，右腿由直变屈，即向后坐，由左弓步到自然步再到左半马步；同时含胸，松腰胯，眼视正前方，有回收之神（图5-21）。此时，意想气由左脚拔起，经踝、膝、左胯、脊到头顶，再经脊、右胯、膝、踝落于右腿。

动作3：

松肩、垂臀，两腿由左半马步到自然步再变成左弓步；此时，两掌好像向前推出一样，此动谓之闭，如闭其户；眼视正前方远处（图5-22）。此时，意想，气由右脚拔起，经踝、膝、右胯、脊、头顶分两路，一路始于两掌，二路沉于左脚。

图 5-21

图 5-22

动作4：

两掌由立掌慢慢下落成俯掌；身体微微后坐，左腿伸直成自然步；眼视下按之掌（图5-23）。此时，意想气由脊发，止于两掌下按处。

3. 十字手

预备势：

如封似闭之定式。

动作1：

左膝有上提之意，左脚趾、脚掌离地，脚尖向内扣90°，然后左脚掌、脚趾依次落地，右脚趾、脚掌离地，脚尖外摆45°后脚掌、脚趾着地；两手向上拔起，随腰、胯右转90°，手心向前，手臂较直，两手在头部正上方；眼视正前方（图5-24）。此时，意想气从左脚拔起，经踝、膝、左胯、脊到头顶，到两掌。

图 5-23

图 5-24

动作2:

两腿慢慢下蹲弯曲,大腿成水平状,重心稍偏重右脚;两掌向两边分开,手臂内旋,手心均向下再相对,两掌分别在左、右胯旁(图5-25)。此时,意想头顶之气经脊、命门、会阴,分两路落到左、右脚底;两手之气随手之降落而下沉。

图 5-25

动作 3：

两腿由屈逐渐上升，重心偏重于左脚，右脚跟、脚掌离地；两手合拢捧起来。（图5-26）

图 5-26

动作 4：

右脚尖离地，脚趾落于左脚旁，两脚站立与肩同宽，慢慢使脚掌、脚跟落地，脚尖正对前方；两手向上、向内旋，合拢成斜十字，掌心向内；眼视正前方（图5-27）。此时，意想气到达十字交叉手，气到背部。

图 5-27

太极导气松沉功

4. 抱虎归山

预备势：

十字手之末。

动作1：

重心落于右脚，左脚趾、脚掌离地，脚尖内扣90°，然后脚趾、脚掌落地，重量复又沉于左脚，身体向右转90°，带动两手右转并下沉，左手向左前方伸直，手臂外旋，手心向上，右手掤起，手心向右胸；眼视左手所指方向（图5-28）。此时，意想气沉于右脚，复又提起，经踝、膝、右胯、脊到头顶，再下沉经脊、左胯、膝、踝沉于左脚。

图 5-28

动作2：

身体继续右转45°，右脚离地，向右斜方向伸出，脚跟轻触地，左脚掌、趾落地；左手以肘为轴前臂抬起回收，手掌虎口置于耳旁，右掌下落至腹前，四小指微屈有采之意；眼视右斜方（图5-29）。此时，意想气带动腰胯右转，气到两手掌。

图 5-29

动作 3：

右腿由直变弓，左腿由屈变直，右臀前送，即由左虚步到自然步再到右弓步；右手慢慢采落到右膝右方，左手垂肘，随腰转以立掌向右横捌，掌心向右，至右胸前；眼视弓出方向（图 5-30）。此时，意想一路气到达右脚，另一路气由腰脊发分两股，一股达于右掌助采劲，另一股达于左掌助捌劲。

图 5-30

5. 肘底捶

预备势：

抱虎归山定式。

动作 1：

身体后坐成自然步，右脚在腰、胯左转带动下，以脚跟为轴向左旋转 90° 后踏实，左脚以脚跟为轴向左旋转 90° 又踏实，重心渐移至左脚，右脚跟、脚掌离地；左手横捌，手心正对胸口，随身体左转，右手在右胯旁随身体转动；眼视随身体左转，比手的动作稍超前（图 5-31）。此时意想气从右脚起，经踝、膝、右胯、脊到头顶百会穴，再由头顶百会穴，经脊、左胯、膝、踝到左脚底涌泉穴。

动作 2：

右脚趾离地向西南方向踏一小步，脚跟着地，再以脚跟为轴，在腰、胯向左转带动下脚尖左摆 90°，对着东南方踏实；左手随身体转动以肘为轴下落到左胯旁，右手由掌变拳，拳眼前，仍置于右胯旁；眼随身体转动视正东方（图 5-32）。此时

太极导气松沉功

图 5-31   图 5-32

意想气由左脚起，经踝、膝、左胯、脊到头顶百会穴。

动作3：

重心慢慢落于右脚，左脚向上提起，接着脚跟落地成左虚步；左手以肘为轴，由俯掌成立掌，手心向内、向上窜起，指尖与鼻尖同高时手臂外旋，手心向右，同时，右手拳已经向前冲出，落于左肘底部，拳眼向上；眼视正东方（图5-33）。此时，

图 5-33

意想气分两路，一路由头顶百会穴经脊、右胯、膝、踝到右脚底涌泉穴，另一路由头顶百会穴分两股，一股到达左手指尖，另一股到达右手拳面。

（三）斜飞势、下势、左金鸡独立、右分脚

1. 斜飞势

预备势为左倒撵猴之定式。（图5-34）

图 5-34

动作1：

以左脚尖为轴，脚跟随腰胯转向外扣90°，后脚掌、脚跟着地，重心落于左脚，右脚离地，右脚向西南方向再伸出半步，脚后跟着地；左、右手随转到身体左侧，左手在左胸前，右手在右胯旁，左手手心向下，右手手心向上，似抱球状；眼视右前方（图5-35）。此时，意想气从右脚涌泉起，经踝、膝、右胯、脊到达头顶百会穴，再下行经脊、左胯、膝、踝到达左脚涌泉穴。

图 5-35

动作 2:

右脚由直变屈,由自然步再到右弓步;右手逐渐伸直,向右斜上方砍出,手心斜向上,高与鼻尖平,左手慢慢下沉落于左胯旁,手心向下,手指东南方;眼视右手掌前方(图 5-36)。此时,意想气由左脚拔起,经踝、膝、左胯、脊到达头顶,一路到

图 5-36

达右脚，另一路到达右手掌。

2. 下 势

预备势为左云手定式，身
体向正南方向。（图5-37）

动作1：

右脚掌离地，向右斜方跨
半步，脚趾、脚掌、脚跟着
地，踏实，脚尖指向东南方
向，左脚掌、脚趾稍离地，脚
尖向外摆90°，脚掌、趾着地，
左腿伸直，此时，身体成仆

图 5-37

步。左臂旋转，手心向外，左手垂肘由弧线回抽，后又沿下弧线
下沉，指尖斜向下，护于裆前，右手慢慢向右抬起伸直，手心向
下，手臂成水平，手成勾手向下成45°；眼视右前斜下方（图5-
38）。此时，意想气由左脚经踝、膝、左胯、脊到头顶，一路经

图 5-38

脊、右胯、膝、踝到右脚，另一路到达左手掌。

动作2：

身体重心前移，左脚由直变屈，右脚慢慢伸直成左弓步；左手沿上弧线上升，左手臂成水平，右手成掌，继续向右抬起；眼视左前方（图5-39）。此时，意想气由右脚起，经踝、膝、右胯、脊到头顶，再经脊、左胯、膝、踝到达左脚。

图 5-39

3. 左金鸡独立

预备势为下势之定式。

动作1：

左脚稍有上提之意，脚趾、脚掌离地，脚尖外摆45°，脚掌、脚趾着地，重心仍在左脚，右脚跟、脚掌离地；左手以肘为轴回曲，手臂内旋成掤手，手心向下，右臂外旋下落，右掌落于裆前，手心向内；眼视正南方（图5-40）。此时，意想气从脊椎发出，经左肩、肘、腕到达左掤手。

图 5-40

动作 2：

右脚趾离地，收脚上提成左独立步；右手从左 手内插穿出，手指向上，手心向左，指尖与鼻尖同高，肘下垂，左掤手下坠，左掌置于左胯左侧，手指向前，手心向下；眼视正前方（图 5-41、图 5-41 附图）。此时，意想气一路达左脚，另一路到右手掌。

图 5-41

图 5-41 附图

4. 右分脚

预备势为右金鸡独立之定式。

动作1：

左脚着地，左腿屈膝半蹲，重心移落于左脚，右脚离地提起；右手慢慢上举，待两手同高时，左、右两手外分后合，两手交叉，腕部相靠，手心向内，右手在外、左手在里成十字形，两臂屈肘抱圆；眼视正前方（图5-42）。此时，意想气从右脚经踝、膝、右胯、脊到头顶分两路，一路落于左脚，另一路形于交叉手的两手臂。

动作2：

左腿伸直站立，右脚向右前方慢慢分出，脚背绷平，脚尖朝前，高度齐腰；两臂外旋，由胸前向两侧左、右撑开，高不过肩，手心朝外；眼视右手前方（图5-43）。此时，意想气达右脚脚尖、右手掌。

图 5-42

图 5-43

拳架篇

（四）进步栽捶、翻身撇身捶、右玉女穿梭

1. 进步栽捶

动作 1：

接前势右搂膝拗步（图 5-44）。右膝有上提之意，右脚趾、脚掌离地，右脚尖随腰、胯向右外摆 45°，踏实，重心全落于右脚，左脚跟、脚掌离地；右手随腰转手背向后抬起，与肩同高，前臂内旋，手心向上，慢慢握成拳，左手内旋至胸前，手心向内，眼视右斜方又回到正前方（图 5-45）。此时，意想气全部落到右脚底。

图 5-44　　　　　　　　　　　　　　图 5-45

动作 2：

左脚趾离地，向右脚旁回收，复又向前伸出一步，先脚跟着地，全脚着地成自然步；右手以肘为轴，前臂回抽，右拳至右耳旁，左手慢慢下落，左掌至腹前；眼视正前方（图 5-46）。此时，意想气由脊发到达右拳。

图 5-46

动作3:

重心前移，左脚由直变曲成弓，右脚由曲变直，右臀前送，由自然步成左弓步；左手由腹前向左搂膝至左膝侧，右拳由耳边慢慢下落栽下，手臂伸直向下，拳背向前；眼视前下方（图5-47）。此时，意想气一路由右拳向下至对方身上，另一路气沉于左脚底。

图 5-47

2. 转身撇身捶

预备式为进步栽捶之定式。

动作 1：

重心后移至右脚，左脚趾、脚掌离地，脚尖向内扣180°，然后脚掌、趾落地，重心移至左脚，右脚提起，脚趾落于左脚旁；左手上提，左掌位于右臂上方，右拳变掌随身体转动；眼随身体转动，视右前方（图5-48）。此时意想气慢慢落于左脚。

图 5-48

动作 2：

左手抹右肩而下至右腹前，右掌变拳，从左臂内侧抽起，以肘尖向右前方拨出；右脚向右前方上步，脚跟落地；眼视右前方（图5-49）。此时，意想气由脊发至于右肘尖。

图 5-49

太极导气松沉功

动作 3：

左手继续下沉至于右胯旁，以右肘为轴，右拳撇出；右脚掌、趾落地，重心慢慢前移，两脚伸直成自然步；眼视右前方（图 5-50）。此时意想气从左脚拔起到右拳背。

动作 4：

重心前移成右弓步；右拳挂回，左掌上提成立掌推出；眼视右前方（图 5-51）。此时，意想气一路沉于右脚，另一路由腰脊经左肩、肘、腕到达左掌发出。

图 5-50

图 5-51

3. 右玉女穿梭

预备势：

转身撇身捶动作之定式。

动作 1：

右膝有上提之意，脚趾、脚掌离地，脚尖内扣 45°踏实，重心置于右腿，左脚回收，脚尖点于右脚边；右拳变掌，两掌慢慢下落至右胯两侧；眼视左前方（图 5-52）。此时，意想气下落于右脚。

图 5-52

动作 2：

左脚向左前方伸出一步，脚跟着地，慢慢脚掌、趾着地成自然步；左手随左脚上步慢慢向前掤出，手心向内，对准胸窝，右手后绕，伸直后旋臂手心向上时屈前臂，虎口置于右耳旁；眼视左前方（图 5-53）。此时意想气慢慢从右脚上升经踝、膝、右胯、脊至头顶。

图 5-53

动作 3：

左脚由直弓出，右脚由曲伸直，成左弓步；左手内旋，向上置于头顶，手心向前，右手垂肘推出成立掌；眼视正前方（图5-54）。此时，意想气一路从头顶沉于左脚，另一路由脊腰发，经右肩、肘、腕到右手掌。

图 5-54

（五）右打虎势、右野马分鬃、上步七星

1. 右打虎势

预备势：

接左式玉女穿梭。身体对东南方向。（图5-55）

动作 1：

身体继续向右脚移，左脚跟、脚掌相继离地，左脚上半步，脚后跟着地，脚尖内扣90°，身体后坐，左脚掌、趾着地，重心落于左脚，右脚离地回收，向左脚靠拢，脚尖点于左脚内侧；右手向下落于腹前，手心向上，左手横摆，向左边伸直，手心向上；眼视左前方（图5-56）。此时意想气落于左脚。

图 5-55　　　　　　　　　　　图 5-56

动作 2:

右脚向西北方向跨出一步，由自然步到右弓步；右手有接过（老虎）之意，右臂向右伸出，后变拳举过头，拳眼向东南，左手握拳，向右斜方下按（老虎），拳背向上至胸前（图 5-57）。此过程意想气沉于右脚。

图 5-57

动作3:

身体左转45°成右侧弓步；右拳顺转止于头顶之上，左拳下按（老虎）到位，止于腹前（图5-58）。此过程意想气由脊发，达右、左手。

图 5-58

2. 右野马分鬃

预备势:

右打虎势之定式。

动作1:

左脚趾、脚掌离地，脚尖随肩、胯左转外摆135°，脚掌、趾相继着地，慢慢重心落于左脚，右脚跟、脚掌、脚趾相继离地，右脚上步，脚尖点于左脚侧面；左手由拳变掌，左手臂向左摆掤起，手臂略低于肩，手心向下，右拳变掌，松沉下落，内旋，手在左胯前，手心向上，左、右手似抱球状；眼视正东方（图5-59）。此时，意想气落于左脚底涌泉。

动作2:

左脚踏实，右脚趾离地上步落于前方，脚后跟着地，脚尖指正南方，慢慢脚掌、趾着地成自然步，再落胯、垂臂成右弓步；右掌前伸掤出，比肩略低，手心正对胸窝，左手慢慢下按，手掌止于左胯旁，手心斜向下，手指正东方（图5-60）。此时，意想气分两路，一路落于右脚底涌泉穴，另一路由脊发形于右手。

图 5-59

图 5-60

3. 上步七星

预备势：

左野马分鬃之定式。（图5-61）

动作1：

左膝有上提之意，左脚趾、脚掌离地，脚尖随肩、胯向左外摆45°，随后脚掌、趾依次着地，身体重心移向左脚，右脚跟、脚掌相继离地；左手向左方掤出，掌变拳，位于腹部左侧，右掌变拳，位于右胯旁；

图 5-61

图 5-62

眼视正前方(图 5-62)。此时，意想气沉于左脚。

动作 2：

右脚向前迈出，脚前掌着地成右虚步；左拳随势屈回挂，止于胸前，拳心对准右胸，右拳经右侧向前伸出，拳眼向上，拳心朝左止于左拳下，两手腕交叉；眼视正前方（图 5-63）。此时，意想气由脊发，到达两拳的背面。

图 5-63

（六）退步跨虎、转身摆莲、弯弓射虎

1. 退步跨虎

预备势：

上步七星之定式。

动作 1：

右脚掌离地，后退一步，脚趾先着地，以后脚掌、脚跟相继着地成自然步；左、右拳松开变掌，落于两胯前，手心均向内；眼视前方（图 5-64）。此时，意想气由左脚底向上经踝、膝、左胯、脊到达头顶百会穴。

图 5-64

动作 2：

身体后坐，重心落于右脚，左脚离地退后半步，脚趾着地成左虚步，身势微含蓄；同时，右前臂稍内旋，随退步之势向右上方撑开，手心朝外；左前臂稍内旋，向左撑开，沉于左胯侧手心朝下；眼视前方（图 5-65）。此时，意想气分两路，一路由头顶向下沉于右脚；另一路气由脊发，直达两手掌。

图 5-65

2. 转身摆莲

预备势：

退步跨虎之定式。

动作1：

先向左稍侧身含胸，右手随向左移，然后右脚趾、脚掌离地，以脚后跟为轴碾地，身体随之向右后转体225°，右脚掌、趾再着地，左脚随转并向东北方向迈出，脚跟着地，接着脚掌、趾着地，身体向左弓出成左弓步；两臂随身体向右后摆动，至左脚落步时，左手伸出，高与肩平，手指向右侧，右手下摆，沉于身体右侧，手心向下，高与胯平（图5-66）。

图 5-66

此时，意想气带动身体向右旋转，然后气落于左脚。

动作2：

左脚趾、脚掌微上提，左脚内扣90°后，脚掌、趾相继着地，重心仍在左脚，左脚伸直站立，右腿在身前屈膝提起；同时，右手屈肘，由体前向上右弧形绕行至身体右侧，高与肩平，左手随动，屈肘移至右胸前，两手心斜向左；眼视左斜方（图5-67），此时，意想气蓄于右脚和两手掌。

图 5-67

动作3：

右脚提起，以脚掌外缘由左经体前向右前上弧形摆踢，高不过耳；同时，左掌在前，右掌在后，自右向左依次迎拍右脚面，连击二响；眼视拍脚处（图5-68）。此时，意想气由脊发，迎拍时，气达右脚脚面和两手掌。

图 5-68

3. 弯弓射虎

预备势：

转身摆莲之定式。

动作 1：

右脚向西北方落步成自然步；两手自然下落至腹前，掌心向内。眼视西南方向（图5-69）。此时，意想气到头顶百会穴。

图 5-69

动作 2：

右腿屈膝半蹲，左腿伸直成右弓步；同时，右、左手变拳上提，右拳向上屈肘提挂于右腮部，拳心朝外，拳眼朝下，左拳上提于胸部再向左前，西南方伸出，拳眼朝上，拳心朝右，高度平肩；眼神意注左拳前方（图5-70）。此时，意想气一路到达右脚底，另一路到达左拳、右手肘部。

注意：其他拳架可用类似导气松沉方法进行练习。

图 5-70

揉手篇

一、揉手理论

（一）以静制动

清初大学问家黄宗羲说："有所谓内家者，以静制动，犯者应手立仆。"这才是真正讲的太极拳技击。应该说太极拳提出"以静制动"是在内家拳中寻找的答案。外家拳主张"主搏于人"，就是先动手或者主动进攻。这种打法，击人不备，以力降人，可以说是以动击静，要求快速出击，使人来不及反应，或力量大而无法招架。太极拳则相反，头脑冷静，利于战术发挥；根基稳定，不使敌有可乘之机；察敌攻击动作清楚，"人不知我，我独知人"，信手而应，犯者立仆。

动静是太极阴阳学说的对立两面，动、静可以相互转化，"静为势之本，动为势之末。舍本击末"是不可逆行的。以闪通背为例，"蓄势如开弓"是静，是一种势能（图6-1）；"发劲

图 6-1

如放箭"是动，它的结果是把势能释放（图6-2），这个过程是不可逆行的。

图 6-2

（二）四两拨千斤

"四两拨千斤"在明代已在民间盛传，四两拨千斤是以小力胜大力，这是没有疑问的，但能不能做到以小力胜大力则是推手技击的关键。《打手歌》曰"牵动四两拨千斤"，其"牵动"一词准确地描述太极功夫的深奥。

所谓"大力"指太极推手中自恃力大以力降人，其表现为顶牛、大力冲击、生拉硬拽、搬摔、抢摔。"顶牛"指推手中两人都用大力相互顶抗，其状如两头牛用角相顶，称为"顶牛"。喜欢顶牛的人，多恃力大，有把握用大力把对手顶出圈外。"牵动四两拨千斤"在内功功夫不深时采取"抢位"的招法，或推手双方水平相当，使不出漂亮技术，于是用此"顶牛"之下策。对付顶牛，要把对方打偏，破坏我被对方顶成的双重，顶牛形势自然瓦解（图6-3）。对于太极高手，在双方接触的瞬间，高手的劲道通过接触点渗进对方的身体，甚至更远，抢占对方地盘，逼使对方失重，在对方失重的情况下，达到"牵动"的目的（图 6-4）。这里要注意当对方失重时，你与对方的接触点要脱离，对方才会自然倒下（图 6-5），不然你会给对方当拐棍。

图 6-3

图 6-4

图 6-5

（三）舍己从人

"舍己"的内容：一要舍气力；二要舍面子；三要舍主观主

义。太极拳在技击应用上，舍己从人是一条主要原则，也是学习太极拳的人所长期追求的目标。能舍己，才能从人，舍是因，从是果。能舍己才能引进落空；能舍己才不犯主观主义，不盲目进攻；能舍己才能避实击虚。倘真能舍己从人，定是一位太极拳的高手。推手是舍己从人的重要手段，舍己从人又是学习推手必要的方法，两者是互为因果、互相促进的。修炼此功夫有以下几难：一是周身松柔难，二是审敌听劲难，三是敢于舍己难。周身放松看似容易实则难，要过这道难关，身上不要挂力，方可"舍己从人"。太极功夫是练出来的，只有放松各大关节和54个手脚小关节，同时裹裆、溜臀、收腹、圆背、展胸、弛项和10个部位放松，周身才可能放松，才是真松。

审敌听劲也是难点，一般不具备听劲能力的人，不明对方来路，不敢贸然引进，就是引进也无法使对方落空，最终仍是输手。审敌听劲功夫要经过长期训练，在手上松空的基础上，两人互相练习推手，在触觉上会有突破。练太极拳的人有一定功力，当对方来手，轻轻一扶对方，请他"进来"，就化险为夷（图6-6）。但很多人不敢舍己，往往主动进攻，去往对方身上用力，与

图 6-6

舍己从人背道而驰，往往以失败告终。太极拳技艺是学而习之，苦练而得，也是悟而知之，归根到底是在学而习之基础上悟而得之的。

（四）以柔克刚

"以柔克刚"是老子哲学思想的体观。柔的本质是弱，以柔克刚必须顺势借力，所以离对手必须近。刚属阳而柔属阴，刚在明处，柔在暗处。推手中刚的招法常主动，先发制人，招法暴露；柔的招法常被动，后发制人，招法隐蔽。所以柔的招法经常是等待时机，隐蔽攻击目标，出其不意取胜。

太极拳讲"以柔克刚"，这种以柔克刚的柔并非软弱无力，而是经过长期训练，在化解对方拙力、消去看得见的刚猛之劲的基础上产生的阴柔之劲。这种柔劲壮如水流，或膨涨，或倾泻，或如涓涓细流，或鼓荡湍急，到了高级阶段，这种内劲至柔至顺，无形无象，空灵虚幻，周身内外全凭真意运行。注意太极拳不是没有刚或不要刚，实际上太极拳非常讲究"积柔成刚"，太极拳同样是柔中有刚，刚中有柔，刚柔相济，刚柔同体。

（五）以慢制快

王宗岳的《太极拳论》明确指出，"壮欺弱、慢让快"皆是旁门，其所主张的正途当然是无力胜有力，以慢制快，后发先至。技术的常规是快胜慢，而太极拳"以慢制快"是反常规吗？这里不说以慢胜快，而是强调以慢"制"快，即慢抑制快和制止快。当然太极拳盘拳走架时的慢是均匀的，目的是动中求静，培养形、神、意、气的结合，求阴柔之功，求虚灵之劲。所以，慢东是为了用时的快。太极拳其实还是快中有慢，慢中有快，快慢相间。太极拳的慢是拉长对方的动作。太极拳的慢必须寓观察之意，练时慢而不觉其慢，用时快而不觉其快，与人交手从容不迫。太极拳论曰："彼不动，己不动。彼微动，己先动。"由于处处时时占敌之先，产生了另一效果，即敌人的攻击速度大减，为我所控制。这是太极拳以慢制快的理论根据。

太极拳之快慢，其原理是"粘连黏随"，讲求不丢不顶。粘，指接敌之手有如膏药贴在对方身上，不似外家拳之格、碰、撞、砸，把对方来之拳或脚迎击回去（图6-7）；连，必须要有连续进攻的意识，如对方一拳击空，必然迅速撤回，这是最好的回击时机，必须抓住（图6-8）；黏，是封住对方，不使其有进攻的机会（图6-9）；随，我逼对方，他必撤步或身向后卸劲，或以腰为轴转动化劲，千方百计地摆脱，这是发对方的最好时机，随即发。粘连黏随使对方欲变而不得其变，欲攻而不得其逞，欲逃而不得其脱（图6-10）。

图 6-7

图 6-8

图 6-9

太极导气松沉功

图 6-10

（六）听劲、喂劲

听劲是太极拳推手以柔克刚和"四两拨千斤"的关键，是最好的学练内功——松功的手段。听劲的方法，犹如中医的"望、闻、问、切"。望——视听法；闻——耳听法；问——反应法；切——触听法。一般先学触听法，它是手的末梢神经对接触人体的感觉，在双方人体所接触部位的接触点，故称触听劲。修炼太极拳到中乘功夫即懂劲阶段，也就达到触听劲的境界。悟性好的人，练拳不久也具备触听劲功夫。有了触听劲功夫，对于深研太极拳、提高技艺是走上了一条大道。要练中乘太极功夫，经常要练推手，相互习练触觉功夫，在双方推手中提高掤、捋、挤、按、采（图6-11）、挒（图6-12）、肘（图6-13）、靠（图6-14）八法与左顾、右盼、前进、后退、中定五步即十三势的功夫。从练习中退去身上本力，提高触觉神经的敏锐性，从而向深层高境界修炼。在推手中，一个完整的攻防技术是听、化、发相结合，没有孤立的听劲方法。听劲是化劲与发劲的前提，听劲不好，不能及时化解，也不能适时反击。

图 6-11

图 6-12

图 6-13

图 6-14

太极导气松沉功

　　喂劲是老师培养学生练习内功具备柔化听劲能力的最重要的拳法。"喂劲"的喂字作喂食给对方，老师常给学生喂劲，上推手技击课。老师一般给具有中乘功夫的学生喂劲，让学生体验老师劲力的大小、方向，掌握如何走化，体验得明明白白。学生的劲力打到老师身上，听听老师是如何给来力找出路的，是分化，

120

是引化，是柔化，是截化，更厉害的是沉化，将来力疏于脚下，你不趴下也得跪地。听劲是老师引路，喂劲是老师的功德，两者相辅相成。

（七）化劲、发劲

化劲是在推手过程中将对方攻击力化掉，而不使其力作用在我身上或减弱其攻击力、使之对我不能造成威胁的一种方法。化劲有粘劲与走劲。不丢不顶，随感随化，前进、后退、左顾、右盼、相济不离。化全在于我顺人背。所以化劲在揉手中占有重要地位。化劲全在于腰、腿，这是因为"腰脊为第一主宰"，一切动作靠腰启承转合，所以化劲关键在腰，而不单是用手或肩。但往复须有折叠，进退须有转换，使人不知自己的劲路，直至对方势背为止，这才是真化。太极揉手化劲的目的是我顺人背，使我由不得势的劲转化为得势的劲，而对方是不得势的劲。化还必须寓攻击之意，也就是说"化"不可化尽，化尽则自己的粘劲易断而势去远也。当对方来劲时，我一松马上回返，将劲返回到对方身上。

太极拳之发劲，讲究内在的整体劲。太极揉手所发整体劲，不像少林等外家拳发力刚猛，劲力快长，而是讲究以弱胜强，以小力胜大力，充分发挥自己力量的效率，即是减少自身消耗、提高打击的效果。发劲的源头是脚，"力发于足"，即蹬地产生的反作用力，这个力由腿而腰、而脊、而肩，形于手指，作用于对方。这种传递是要消耗能量的。关键是身体要松，只有放松肌键、松开关节，才能使力的传递效率提高。揉手时发劲的部位，一般来说，着力点离重心越近，接劲者所承受的重量越大，因此，以胸、肋、背、腹等部位较为恰当，而两腋窝是发劲最有利的部位。此外，发劲还需要掌握机势、方向、时间。机势，就是自己的势顺而对方的势背（图6-14）。方向必须以对方的背向而发（图6-15）。时间必须恰到好处，就是对方的旧劲已完、新劲

图 6-15

图 6-16

没生的时候，即发呆或后退的时候（图6-16）。

二、揉手套路

（一）单揉手套路

单揉手的定步揉手有平圆（纬线）揉手、立圆（经线）揉手、折叠（波浪式）揉手、四象揉手、四正揉手、缠丝揉手、太极图揉手。

单揉手的活步揉手有平圆进一退一揉手、立圆进一退一揉手、折叠进二退二揉手、四象跟半步退半步揉手、绕步揉手、太极图揉手。因一般的揉手很多书上已有介绍，这里只介绍几种较特殊的揉手，如四象揉手、缠丝揉手、定步太极图揉手，绕步揉手，九宫步太极图揉手。

1. 四象揉手

可以分解成四个小动作，即蹬、掤、引、坐。

蹬：

甲以右半马步而立，左手下垂、右手屈肘，掌心向外搭在乙手之腕上。起动时，左腿由曲变直、前送成自然步，右手虽然不动，但随身体前移将乙掤手推回去。乙由右弓步变自然步。（图6-17）

图 6-17

掤：

甲由自然步弓出成右弓步，右手内旋，由立掌变横掌掤出。此时乙后坐成右半马步，手由横掌外旋成立掌，垂肘后坐。（图6-18）

图 6-18

引：

甲由右弓步后坐成自然步，右手由横掌向外滚动向后引乙，以化解乙蹬推之手。乙由右半马步到自然步。（图6-19）

图 6-19

坐：

甲由自然步后坐成右半马步，右手坠肘，横掌变成立掌，附于乙掤手之手腕，化解对方攻势。乙由自然步到右弓步。（图6-20）

图 6-20

以后继续做蹬、掤、引、坐动作。

注意：以上是右式四象揉手，左式四象揉手与右式类同，只是左手搭手，甲以左半马步起。

2. 缠丝揉手

甲乙双方自然步站立，搭右手成右式（图6-21）。甲乙双方均以腰带动手臂做圆圈形运动，甲乙双方均以手臂旋转做缠丝运动。第一个大圈，甲已缠到乙之肘部（图6-22）；第二个大圈，甲手背缠到乙之上臂（图6-23）；第三个大圈，甲之手臂缠到乙之腋下（图6-24），完成控制乙手臂之运动。以下乙手臂缠住甲手腕缠丝，第一、二、三圈分别

图 6-21

图 6-22

图 6-23

图 6-24

到达甲肘、上臂、腋下。如此循环往复推手。

注意：以上为右式缠丝揉手，如做左式缠丝揉手，甲乙双方左式自然步站立搭左手，缠丝的方法与右式类同。

3. 定步太极图揉手

甲乙双方自然步站立、搭右手成右式。甲推乙按太极图 S 线 1 方向推出成右弓步（图 6-25）；乙粘住对方，按 S 线 1 方向回后坐成右半马步（图 6-26）。甲再按圆弧 1 线　回后坐，由右弓步变自然步再成右半马步；乙由圆弧 1 线推出，由半马步变自然步，再到右弓步（图 6-27）。以下甲按 2 线走、乙按 2 线退，方法与 1 线走相同。

注意：

① 以上是定步右式太极图揉手，如定步左式太极图揉手，

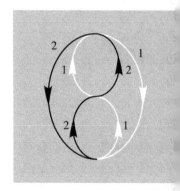

图 6-25

图 6-26

图 6-27

甲乙双方搭左手成左式，揉手方法与右式类同。

　　② 交换手定步太极图揉手：甲乙双方按右式右手揉一个鱼形，换左手再按 2 线揉一个鱼形。这样左右手不断交换。

4. 绕步揉手

　　甲、乙双方平行步站立，搭手，右手略过头顶（图 6-28）。第一小动，甲主动，右手搭乙右手，向内绕一个半圈至乙右侧，同时甲提右脚在乙右边上步，乙提右脚在甲右边上步（图 6-29）。第二小动，甲继续绕手至头顶，同时，以右脚跟为轴，身体向右转 180°，脚尖转 180°，脚掌、趾着地，左脚随转提起，放到右脚旁成平行步。乙以右脚跟为轴，身

图 6-28

揉手篇

体右转 180°，脚尖转 180°，脚掌、趾着地，左脚随转提起，放到右脚旁成平行步（图 6-30）。以上完成绕步一圈，以下是重复往返动作。

图 6-29

图 6-30

注意：

① 这里介绍的是右式。左式为搭左手，方法与右式类同。

② 绕步揉手之交换手，甲、乙双方右式搭手，甲、乙各上右脚，右手绕半圈，即退右脚成右弓步，然后搭左手（图 6-31），做一次左手（左式）绕步揉手，完成后再交换搭右手，以后重复前面的动作。

5. 九宫步太极图揉手

预备势为甲、乙双方平行

图 6-31

步站立，搭右手（图 6-32）。走 S1 线时，甲右脚向左前方跨一步，以右手推出（图 6-33），左脚随之上一步，向左前方迈出（图 6-34）（以上右脚走 1 线，左脚走 2 线）。甲右手按圆弧掤回时，右脚向右横跨一大步（走 3 线）（图 6-35），左脚再由 4 线退回一步。这样就完成一个循环。

图 6-32

图 6-33

图 6-34

图 6-35

注意：

① 以上介绍的是甲的脚、手动作，而乙的脚、手动作应为：甲按1线攻，乙按1线退，甲按2线攻，乙按2线退。甲按3、4线退，乙按3、4线攻。乙退时手捆回，手心向内，乙进时推出，手心向外。

② 左手搭为左式，方法与右式类同。

③ 进攻一方前进略大一点，退步略小一点，看起来，整体图形不断前进。（图6-36的1、2、3、4线到5、6、7、8线）

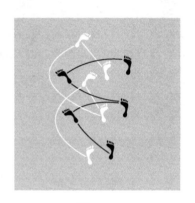

图 6-36

④ 交换手九宫步，只是右式一圈变左式一圈，运作方法是相同的。

⑤ 九宫太极步闪身退步时，可以是半马步闪，也可以是虚步闪，只是虚步闪身更大一点。

（二）双揉手套路

定步揉手包括平圆、立圆、折叠、四正、开合、游泳式、云手等。

活步揉手包括平圆进一退一、立圆进一退一、折叠进二退二，四正进三退三，四正之字型、四正四方型、四正圈形、大捋侧向靠、大捋穿裆靠、大捋梅花靠、开合进三退三、游泳进四退四、云手右三左三，控肘进五揉四角、拍肩进五推圈形等。由于一般的双揉手在其他书上刊登过，故我只选几个比较特殊的揉手，如定步四正、定步游泳式、四正四方型、大捋梅花靠、云手右三左三、控肘进五揉四角、拍肩进五之圈形揉手。

1. 定步四正揉手

预备势：

甲、乙双方按右式搭手，右脚在前，均成自然步，右手以手臂相搭，左掌附于对方之肘部关节处。（图6-37）

动作1：

甲按乙掤。甲翻转右手，以掌心向前按乙右手腕，左掌按乙之右肘部，重心前移成右二弓步；乙以右臂抱圆　住甲之双手，左手抚住甲右肘部，含胸后坐成右二半马步，使甲之按劲落空。（图6-38）

图 6-37

图 6-38

动作 2：

甲挤乙捋。甲按劲落空后，即将右臂抱圆，左手附于右臂内侧平挤乙胸部；乙捋引甲右臂，松两臂坐身引化。甲成右一弓步，乙成右一半马步。（图 6-39）

注：右二弓步，右小腿垂直；右一弓步，右膝尖垂直落于右脚趾上；右二半马步，臀部垂直落到左脚趾上；右一半马步，臀部垂直线落于左脚跟部。

图 6-39

动作 3：

乙按甲掤。同动作一，只是甲、乙位置互换，而方法相同。（图 6-40）

动作 4：

乙挤甲捋。同动作二，只是甲、乙位置互换，而方法相同。（图 6-41）

图 6-40

图 6-41

动作 5：

定步四正揉手换手法。接动作二。甲挤劲落空后，右手掤势不变，左手由立掌变横掌掤圆，甲左手腕粘乙左掌，乙右掌附于甲左肘关节处，甲松开右臂，以手背顺乙手臂下滑到左肘部轻抚。（图 6-42）

图 6-42

动作 6：

乙以左式做乙按甲掤。（图 6-43）

图 6-43

动作7：

乙挤甲捋。（图6-44）

动作6、动作7与动作3、动作4同，只是左、右手互换。

动作8：

乙按动作5的方法交换手。（图6-45）

图 6-44

图 6-45

2. 定步游泳式揉手

预备势：

甲、乙双方自然步站立，双方距离一臂长，甲右臂伸直在前上方与水平成45°夹角，立掌，手心向外搭乙左手背，甲左臂垂向前下方与水平成45°角，手心向内，手背被乙手掌搭住。（图6-46）

动作1：

甲身体左转45°，带动右手

图 6-46

前伸下按，左臂后摆，乙身体左转45°，左手随甲下按而下落后摆，右手沿上弧线前伸。（图6-47）

图 6-47

动作2：

甲身体右转45°，左手翻掌，掌心向前搭住乙右臂，沿上弧线到头顶左侧上方，右手翻掌，掌心向内，沿下弧线到右侧前；乙身体左转45°，右手翻掌，手心向内，沿上弧线回划到头顶右侧前，左手翻掌，掌心向外搭住甲右臂，沿下弧线到左胯前。（图6-48）

动作3、动作4：

甲、乙双方右、左手互换，身体转动方向相反，动作方法类同。（图6-49、图6-50）

图 6-48

注：

① 甲揉手之手法类似游泳中自由泳，乙揉手的手法类似游

图 6-49　　　　　　　　　　图 6-50

泳中仰泳。

　　② 甲、乙双方可互换姿势，乙做自由泳式，甲做仰游式。

3. 四正四方型揉手

　　手法与四正进三退三相同，只是甲在完成进三、左掤乙双手时身体右转 90°，左脚提起横跨向 90°方向退，而乙完成退三步、双手推甲时向右转 90°前进，完成左式进三之末右掤甲双手，向右转 90°，右脚横跨 90°退。甲右转 90°以右式进三，甲右式、乙左式均按前述做动作，这样甲右、乙左、甲右、乙左，其运动轨迹为四正方形。轨迹按逆时针方向转。

　　注：如为甲左、乙右、甲左、乙右，轨迹按顺时针方向正正方形转。

4. 大捋梅花靠揉手

预备势：

平行步，右式搭手，甲向正西方，乙向正东方。（图6-51）

太极导气松沉功

图 6-51

动作 1：

乙身体向右转朝南用采、捋之劲，甲被牵动右脚向前上一步，准备用挤靠之劲。（图 6-52）

图 6-52

动作2：

乙以双手继续向前采、捌甲右臂，左前掌抵住甲右上臂之劲，身体向右转，右脚横开一步，身势略下蹲成马步，乙身向正南，甲即顺势上右脚一步，落于乙左脚之左方后裆下成马步。（图6-53）

动作3：

甲右上臂横摆在乙胸前，左手扶右臂，用腰劲向后靠，乙双手扶甲右上臂，含胸化解。（图6-54）

动作4：

甲左脚上步，身体右转90°，左脚上步，右脚回撤成平行步，乙左脚收回，落于右脚侧成平行步，双手又回到预备势搭手，此时，甲向正北方，乙向正南方。

注：

① 以上为右式梅花靠，如做左式，则左右手、左右脚、身型均互换。

图 6-53

图 6-54

② 无论甲、乙双方谁主动，方法一样，动作类同。

③ 一般梅花靠是不容易化解的，实战中左脚不要被对方管住靠，如被管住，赶快收左脚，以防对方管住后靠。

5. 云手右三、左三揉手

预备势：

甲、乙双方并步站立，两腿略下蹲，双方距离一臂长，甲右手掤于胸，与乙左掤手手背相搭，左手落于裆前，与乙右手背相搭。（图6-55）

图 6-55

动作1：

甲右臂外旋，以手心抚乙手背，在身体右转45°带动下，向右沿上弧线划出，又沿下弧线慢慢伸直，手心向下抚乙左手背。此时，甲重心移向右脚，左脚离地向左开大半步，左脚趾着地；乙身体左转45°重心移向左脚，右脚离地向右开大半步，右脚趾着地。（图6-56）

图 6-56

动作 2：

甲身体向左转 45°，右掌抚乙左手慢慢落下至右胯侧，左手内旋，掌心向上，抚乙右手背慢慢向上挪起，甲左脚掌、脚跟落地成马步；乙身体右转 45°，右脚掌、脚跟落地成马步，两人正对。（图 6-57）

图 6-57

动作 3：

甲以左手手心抚乙右手背，在身体左转 45°带动下，向左沿上弧线划出，又沿下弧线慢慢伸直，手臂高与肩平；乙身体右转 45°，两手在甲手带动下运动。甲之重心移至左脚，右脚收回成并步；乙之重心移于右脚，左脚收回成并步。（图 6-58）

以下重复动作 1、动作 2、动

图 6-58

作 3，甲向左横三步，乙向右横三步。

注意：

① 乙手的运动被甲手带动，甲、乙双方手粘住。甲的手也可被乙手带动。

② 甲向右横，乙向左横，方法一样，只是甲、乙位置互换而已。

6. 控肘进五揉四角

预备势：

甲、乙双方平行步站立，距离约一臂长，双方左手背相搭（高与肩同），右手扶左手肘部。（图6-59）

动作 1：

甲身体左转45°，以右手抚乙肘，左手脱开向后，同时右脚向前上一步；乙身体右转45°，左手伸直，右手脱开向后，左脚上前一步。（图6-60）

图 6-59

图 6-60

动作 2 至动作 5：

双方手型不变，仍是甲右手托乙肘部走，甲按左、右、左、右，乙按右、左、右、左上步向前走。动作 5 结束之际，甲身体向右转 90°，乙身体向左转 270°，甲用左手抚乙右肘部，双方另一只手向后伸直。

动作 6：

甲左脚跨一步，乙右脚跨一步（图 6-61），运动轨迹转 90°，这样又走五步，再向另一个 90°方向前进，其轨迹成一个正方形。

图 6-61

注意：

以上是甲主动托乙动作。如乙主动托甲肘，方法一样，只不过甲、乙两人位置互换而已。也可以甲、乙交换控肘，其变化更好。

7. 拍肩进五之圈型揉手

预备势：

甲、乙双方平行步站立，双方距离一肩宽，双方以右臂相搭，左手扶对方右肘。（图 6-62）

图 6-62

动作 1：

甲身体右转 45°，右手内旋，手掌心扶乙右手背，左手沿乙上臂上滑，扶于乙右肩上，出右脚；乙左转 45°，左手脱开甲右肘，右手被甲控制，出右脚。（图 6-63）

图 6-63

动作 2：

甲、乙双方身型、手型不变，向前走五步。

动作 3：

乙右转 180°，右臂外旋，扶甲之右手背，左手扶于甲之右肩，出左脚；甲向左转 180°，脱开左手，被乙控制右手，出左脚上步。（图 6-64）

图 6-64

动作 4：

甲、乙双方身型，手型不变，向前上五步。

以下属重复动作，其轨迹走成圈型。

注意：

以上是拍右肩进五之圈型揉手，如要拍左肩，则双方右、左手互换，预备势用左式搭手开始，方法与拍右肩一样。

三、太极推手发劲、化劲示例

（一）推手发劲示例

1. 掤发劲

① 直接掤发左右式。

② 一手掤，一手发左、右式。

③ 玉女穿梭左、右式。

④ 扇通臂左、右式。

⑤ 搬拦掌左、右式。

2. 捋发劲

① 左掤右捋，右掤左捋。

② 顺步捋，拗步捋左、右式。

③ 上、中、下捋左、右式。

④ 搂膝拗步左、右式。

⑤ 单鞭掌左、右式。

3. 按发劲

（1）长劲类

① 前冲发劲分按胸、肩、臂。

② 抛放发劲分按胸、腹、两上臂。

③ 下放发劲分按胸、腹、肩、臂、左右两侧。

（2）短劲类

① 振动劲：a、掌根震胸。b、手指弹胸。c、单掌震胸。

均分左、右式)

② 抖颤劲左、右式。

4. 挤发劲

① 揽雀尾之挤劲左、右式。
② 右臂或左臂挤胸放捧。
③ 左捋右掤变挤。
④ 右捋左掤变挤。

5. 采发劲

① 向右或向左下方采手腕。
② 勾上臂左或右采。
③ 上托臂左或右推。
④ 海底针左或右式。
⑤ 抱虎归山左或右式。

6. 捌发劲

（1）单旋法
① 左（或右）掌按，右（或左）掌旋打。
② 左进手，右推肘，左旋打。
③ 右进手，左挤臂，右旋打。
④ 转身压臂旋打。
（2）双旋法
① 双进手挑腋右旋打。
② 双手固臂右旋打。
③ 双手固胸臂左旋打。
④ 上旋前冲劲，野马分鬃（左右式）。
⑤ 侧旋前冲劲，抱虎归山（左右式）。

7. 肘发劲

（1）单用肘

① 横肘发劲左、右式。

② 立肘发劲左、右式。

(2) 将肘合用

① 左（右）将右（左）肘发。

② 左（右）上将右（左）肘发。

(3) 混合式

① 进步肘推发左、右式。

② 披身掌左、右式。

8. 靠发劲

① 大将穿裆靠左、右式。

② 进步右肩靠放。

③ 采肩臂靠胸放。

④ 将化进身肘靠。

⑤ 进步背折靠。

⑥ 斜飞左、右靠。

⑦ 双分左、右靠。

⑧ 大将梅花左、右靠。

注意：由于很多太极拳书已介绍了掤、将、挤、按、采、列、肘、靠八法的发劲，这里不再详细介绍，只写出部分名称，供参考。

（二）揉手化发劲示例

1. 胸、肘、肩、腕之柔化训练

（1）胸部推发柔化练习

预备势：

甲、乙双方右式自然步站立，乙双手扶甲胸部，甲双手自然

图 6-65

下垂。（图 6-65）

动作 1：

乙用右手推甲左胸部；甲随乙推劲，以腰为轴左转化卸乙推力，此时，甲重心落于右脚，成左虚右实之势。（图 6-66）

图 6-66

动作 2：

乙用左手推甲右胸部；甲随乙推动，以腰为轴右转化卸乙推力，此时，甲重心落于左脚，成右虚左实之势。（图 6-67）

图 6-67

动作 3：

乙双手向上推甲胸部。甲重心向下沉，身体稍向后仰，卸掉乙的推力。（图 6-68）

图 6-68

动作四：

乙双手向下推击甲胸部；甲身体重心下沉，含胸、收腹、弓腰，化掉乙的推力。（图6-69）

注意：

甲、乙双方可互换推胸，如此反复练习10~15分钟。

（2）肘部推发柔化练习

预备势：

甲、乙双方右式自然步站立，甲双手按在乙双肘窝上，乙双手控制甲两肘尖。

图 6-69

动作1：

乙右手托甲左肘向上抬；甲左前臂下垂消左肘（图6-70）；乙继续上抬，甲身体左转，消左肘，使乙落空。（图6-71）

图 6-70

图 6-71

动作 2：

乙趁甲注意力集中在左肘上，突然用左手将甲右肘托起；甲身体右转，右臂随转身下顺，消右肘。（图 6-72）

图 6-72

动作 3：

乙乘机用右掌托甲左肘；甲身体左转化解。（图 6-73）

图 6-73

注意：甲、乙双方可互换控肘，如此反复练习 10~15 分钟。

（3）肩部推发柔化练习

预备势：

与前势相同，只是乙双手扶甲两肩。（图 6-74）

动作 1：

乙左手扳甲右肩，右手推甲左肩；甲顺其劲左转化解，此时，甲身体重心落于右脚，成左虚右实之势。（图 6-75）

注：如乙右手扳甲左肩，左手推甲右肩，甲则右转化解。

动作 2：

乙左手扳甲右肩，右手向回带压甲左肩，使甲前倾；甲双肩向前、向上顶以化解。（图 6-76）

图 6-74

图 6-75

图 6-76

动作3：

乙用右手下按甲左肩；甲松左肩、顺右肩以化解。（图6-77）

注：如乙用左手按甲右肩，甲则松右肩、顺左肩以化解。

注意：甲、乙双方可互换推肩，如此反复练习10~15分钟。

（4）腕部推发柔化练习

预备势：

甲、乙双方按右式站立，乙双手按甲之双手腕。（图6-78）

动作1：

乙双手按来；甲抬右肘，向下顺左腕进行化解。（图6-79）

图 6-77

图 6-78

图 6-79

动作2：

乙右掌内旋，向上推甲左腕上抬；甲松左肩、向下顺左臂，化解左腕。（图6-80）

动作3：

乙左掌趁势向上托甲右腕，右掌向前推甲左腕，力图控制甲之双手腕；甲右腕向外旋转，抬肘压乙左腕，同时左手下顺，化解乙的控制。（图6-81）

注意：甲、乙双方可互换推腕，如此反复练习10~15分钟。

图 6-80

图 6-81

2. 喂靶训练

（1）引化（分单、双引化成掯）

① 单引化

预备势：

甲、乙双方按自然步右式单搭手。（图6-82）

动作1：

乙向甲右臂推出，由自然步到右弓步；甲右手腕粘住乙右手身体右转45°，向右引化乙右臂，消掉乙来掌之劲。（图6-83）

图 6-82

图 6-83

动作2:

如乙推力过猛，则甲右臂掤化的同时，手臂向外旋转，手掌贴乙右手腕，可变出采、捋劲。（图6-84、图6-85）

注意：也可用左式单引化练习。甲、乙双方按左式单搭手，动作方法类同。如此反复交换练习10~15分钟。

图 6-84

图 6-85

② 双引化

预备势:

甲、乙双方按右式自然步双搭手。(图6-86)

动作1:

乙双手推甲右臂,由自然步到右弓步;甲右手掤化后坐,同时右前臂外旋,右手掌粘乙右手腕,左手掌粘乙右手肘部。(图6-87)

动作2:

如乙双手推力过猛,甲将将乙,使其失重。(图6-88)

注意:也可用左式练习。甲、乙双方按左式双搭手,动作方法类同。如此可反复交换练习10~15分钟。

图 6-86

图 6-87

图 6-88

太极导气松沉功

156

（2）吸化（含胸、收腹、下采）

预备势：

甲、乙双方按右式自然步双搭手。

动作1：

乙突然突破甲防线，进双手向甲腹部推来，由自然步到右弓步。（图6-89）

图 6-89

动作2：

甲腹部粘住乙双掌，含胸、收腹卸其劲，同时，双手下按乙双肩，使其前跌。（图6-90）

注意：

如此反复交换练习 10~15 分钟。

（3）柔化（双手先掤住，突然卸对方的力再反击）

预备势：

甲、乙双方右式搭手。

图 6-90

动作1：

乙突然突破，用两手向甲两肩部推击；甲用肩稍掤住乙来力。（图6-91）

图 6-91

动作2：

甲突然放松，卸掉乙的来劲。（图6-92）

图 6-92

如此反复交换练习 10~15 分
钟。

注意：

乙也可以推甲胸部、手臂，
方法类同。

（4）沉化（下沉劲，身体下
沉，双手上托)

预备势：

甲、乙双方右式搭手。

动作 1：

乙突然突破，用双掌向甲胸
部按去；甲用胸粘其手，身体稍
后仰并向下沉，身体下坐。（图 6-93）

图 6-93

动作 2：

甲再用双手上托乙肘前送，使对方后跌。（图 6-94）

注意：可反复交换练习 10~15 分钟。

图 6-94

（5）分化（分单手旋转劲，双手螺旋双分双合劲）

① 单手旋转劲

预备势：

甲、乙双方右式自然步双搭手。

动作 1：

乙用双手推甲右前臂，由自然步到右弓步；甲右臂掤住乙双手后坐，由自然步到右半马步。（图 6-95）

图 6-95

动作 2：

甲后坐同时，左手从乙右肘内侧轻轻上滑，用左前臂向外将乙右臂分开（图 6-96）。当乙后坐时，甲左掌粘乙右胸，向右旋转，将乙发出倒地。（图 6-97）

注意：

可反复交换练习 10~15 分钟。

图 6-96

图 6-97

② 双手螺旋双分双合劲

预备势：

甲、乙双方右式双搭手。

动作 1：

乙突然突破，用双掌向甲胸按来；甲双手迅速从乙双手内侧上举，并用双手前臂将乙两前臂分开（甲双掌心向内）。（图 6-98）

动作 2：

甲双臂外旋，掌心向外，用双合手反按乙胸部将乙发出。（图 6-99）

注意：可反复交换练习 10~15 分钟。

图 6-98

图 6-99

（6）截化（含截肘、腕）

① 截肘练习

预备势：

甲、乙双方右式搭手。

动作 1：

乙突然突破，双手向甲胸部按来。（图 6-100）

图 6-100

动作2:

甲在乙来劲尚未出来之际,用双手堵截乙双肘,使其劲发不出来。(图6-101)

注意:

可反复练习10~15分钟。

图 6-101

② 截腕练习

动作1：

乙突然突破，双掌按在甲胸部，准备发前冲劲。（图6-102）

动作2：

甲双掌粘在乙双腕上，乙劲还未出，甲做好含胸按腕之势。此时，乙不敢发劲，否则手腕容易脱白。（图6-103）

图 6-102

图 6-103

注意：

可反复交换练习10~15分钟。

3. 混合性发劲

（1）化发劲

a. 合手外（内）缠丝化发

预备势：

甲、乙双方右式搭手。

动作1：

乙突然突破，双手向甲胸部按来；甲后坐，双手由上方插入乙双手之间。（图6-104）

动作2：

甲双手前臂向内缠丝，将乙两手分开，同时两手坠肘，用前冲劲将乙发出。（图6-105）

注意：以上是合手内缠丝化发，如果是合手外缠丝化发，甲两手由下上举，从乙双手间托出外分（图6-106），再前冲发劲。

图 6-104

图 6-105

图 6-106

太极导气松沉功

b. 柔化上抛（下按）发放

预备势：

甲、乙双方右式搭手。

动作 1：

乙突然突破，用两手向甲两个肩推按；甲两肩先用掤劲，掤住乙之按掌。（图 6-107）

动作 2：

甲突然放松两肩，将乙按劲柔化掉，使乙有向前失重之感。（图 6-108）

图 6-107

图 6-108

动作 3：

甲趁乙失重之机，两手上托乙两肘，将乙两脚跟拔断，两臂向前上发劲，将乙抛出。（图 6-109）

注意：

如柔化下按发放，则甲卸掉乙劲后趁乙有失重感，双手下按乙两上臂，将乙按倒在地。（图 6-110）

图 6-109　　　　　　　　　　　图 6-110

c. 旋化横打左右发

预备势：

甲、乙双方右式搭手。

动作1：

乙突然突破，用右掌向甲左胸部推按；甲身体左旋，化掉乙按劲。（图6-111）

图 6-111

动作2：

甲右手向左横打乙左肩，且身体继续左旋，将乙向左发出。（图6-112）

注意：

如旋化横打右发，双方按左式搭手，则乙用左掌攻击，甲身体右旋，用左掌回击，向右发。（图6-113）

图 6-112

图 6-113

d. 引化上步前冲发放

预备势：

甲、乙双方右式搭手。

动作1：

乙突然突破，用右手向甲胸部按来；甲左手向外拨挡乙之右掌，右掌上托乙之右上臂。（图6-114）

动作2：

甲左脚上前一步，置于乙右腿后方，右手按乙之右上臂向右后捋带，并用左掌推按乙之后背，将乙向前发出倒地。（图6-115）

图 6-114

图 6-115

e. 吸化拍臂下按

预备势：

甲、乙双方右式搭手。

动作 1：

乙突然突破，用双手向甲腹部按击；甲躬身吸腹化掉乙按掌。（图 6-116）

图 6-116

动作2：

乙双手落空，身体向前下倾跌；甲两手向下拍乙两肩，使乙向前下方倒地。（图6-117）

f. 截化侧旋左、右放

预备势：

甲、乙双方右式搭手。

动作1：

乙突然突破，用两手向甲胸部按来；甲两手截住乙两肘，两肘窝掤接乙两掌之按劲。（图6-118）

图 6-117

动作2：

甲突然右臂放松，身体右转，以左手向右横旋打乙右肩，将乙向右侧放出。（图6-119）

注意：

如甲松左臂，身体向左转，用右掌向左横旋打乙左肩，则为

图 6-118

图 6-119

图 6-120

截化侧旋左发放。（图 6-120）

g. 掤化下按发放

预备势：

甲、乙双方右式搭手。

动作 1：

乙用双手猛推甲的右前臂；甲右前臂向前上掤，迫使乙将推力加足。（图 6-121）

图 6-121

动作2：

甲右臂突然放松，使乙失去重心，甲顺势两手拍乙右肩，将乙放倒于地。（图6–122）

图 6–122

h. 抖化前冲发放

预备势：

甲、乙双方左式搭手。（图6–123）

图 6–123

动作1:

乙突然突破，双手推甲双肩；甲双手向上托着乙两肘（图6-124）

动作2:

甲身体向左、向右进行抖动，化解乙的攻势。（图6-125）

动作3:

甲上右脚，同时用两掌向乙胸部推按，将乙发出倒地。（图6-126）

图 6-124

图 6-125

图 6-126

i 闪化按胸发放

预备势:

甲、乙双方右式搭手。

动作1:

乙突然突破，用两手向甲胸部推按；甲胸部向前发掤劲，抏

住乙双手。（图 6-127）

动作 2：

甲胸部突然放松，右脚上前，落于乙左脚外侧，身体左闪化解乙按劲，使乙有向前失重之感，向后回撤。（图 6-128）

动作 3：

甲向左闪，趁势左手按乙右后肩部，使乙向前跌出倒地。（图 6-129）

图 6-127

图 6-128

图 6-129

（2）听化发劲

a. 胸部触听旋化发

预备势：

甲、乙双方右式搭手。

动作1：

乙突然突破，用右手向甲胸部按推；甲胸部感觉到乙是一种直前劲。（图6-130）

动作2：

甲顺其来劲，身体右转化掉乙按劲，并用左掌横打乙右肩，将乙发放倒地。（图6-131）

图 6-130

图 6-131

b. 右臂触听挤发

预备势：

甲、乙双方右式搭手。

动作1：

乙两手向甲右前臂按来；甲听出乙是向前按劲，先用右臂住乙两手。（图6-132）

动作2：

甲右臂突然一松，乙有向前失重感，两手迅速回收，身体后坐；甲趁势用双手贴乙胸部，用推劲将乙发出倒地。（图6-133）

图 6-132

图 6-133

c. 视听挂掌引化发放

预备势：

甲、乙双方右式搭手。

动作1：

乙突然突破，两掌欲向甲胸部按来。（图6-134）

动作2：

甲视、听准乙意图，及时用两掌挂住乙两臂内侧向后引化。（图6-135）

动作3：

乙有前倾失重之感觉，有回收之意；甲顺势用两掌按击乙胸部，使乙跌出倒地。（图6-136）

图 6-134

图 6-135

图 6-136

d. 视听压肘放摔

预备势：

甲、乙双方左式搭手。

动作 1：

乙突然突破，用右手向甲胸部按来；甲视、听准乙意图后，

速以左手粘住乙右手腕。（图6-137）

动作2：

甲顺乙来劲，向左后带乙右臂，上右脚，用右肘撞压乙左肩，使乙向前跌倒于地。（图6-138）

图 6-137

图 6-138

e. 视听分化发放

预备势：

甲、乙双方右式搭手。

动作1：

乙突然突破，两手欲向甲两腋下进手。（图6-139）

动作2：

甲视、听到乙意图后缩身，用两手臂向外分开乙两手（图6-140）；乙有失重感，后移调整身体重心；甲趁势用双掌按

图 6-139

图 6-140

图 6-141

乙胸部，将乙发出倒地。（图 6-141）

（3）引化发劲

a. 左（右）引化单手按胸

预备势：

甲、乙双方左式搭手。

动作 1：

乙突然突破，左手向甲胸部按来；甲以左前臂粘住乙左腕，右手粘乙左肘，向左后引化。（图 6-142）

动作 2：

乙有失重之感，后移重心调整身体；甲借乙后移之劲，左掌按乙胸部，将乙发放出。（图 6-143）

图 6-142

注意：

右引化单手按胸，甲、乙双方需右式搭手，动作方法与左引化单手按胸类同。

图 6-143

b. 右引化上步肘靠

预备势：

甲、乙双方右式搭手。

动作1：

乙用右手向甲胸部按击；甲双手向右方引化乙右臂，使乙有前倾之感。（图6-144）

图 6-144

动作 2：

当乙后移身体重心时，甲左脚向前迈一步，位于乙右脚外，同时以右肘靠击乙胸部，使乙向后倒地。（图6-145）

c. 上引化旋抛放

预备势：

甲、乙双方右式搭手。

动作 1：

乙突然突破，用右掌按甲胸部；甲左手粘乙右臂向左上引化，同时右手上托乙右肘，使乙站立不稳。（图6-146）

图 6-145

动作 2：

甲趁乙站立不稳之机，身体右转，左手粘住乙右上臂，向右横打，将乙向左抛出。（图6-147）

图 6-146

图 6-147

d. 下引化左挒放

预备势：

甲、乙双方左式搭手。

动作1：

乙突然突破，用左手向甲胸部按击；甲左手粘其左腕，右手粘其左上臂，顺其劲向左下方引化。（图6-148）

动作2：

当乙站立不稳时，甲两手粘其臂向左后挒带，使乙向左前跌出。（图6-149）

图 6-148

图 6-149

老论篇

一、王宗岳太极拳论

太极者，无极而生，阴阳之母也。动之则分，静之则合。无过不及，随曲就伸。人刚我柔谓之走，我顺人背谓之粘。动急则急应，动缓则缓随，虽变化万端，而理为一贯。由着熟而渐悟懂劲，由懂劲而阶及神明，然非功力之久，不能豁然贯通焉。虚灵顶劲，气沉丹田。不偏不倚，忽隐忽现。左重则左虚，右重则右杳。仰之则弥高，俯之则弥深，进之则愈长，退之则愈促。一羽不能加，蝇虫不能落，人不知我，我独知人，英雄所向无敌，盖皆由此而及也。斯技旁门甚多，虽势有区别，概不外乎壮欺弱、慢让快耳。有力打无力，手慢让手快，是皆先天自然之能，非关学力而有为也。察四两拨千斤之句，显非力胜。观耄耋能御众之形，快何能为。立如平准，活似车轮，偏沉则随，双重则滞。每见数年纯功不能运化者，率自为人制，双重之病未悟耳。欲避此病，须知阴阳。粘即是走，走即是粘，阴不离阳，阳不离阴，阴阳相济，方为懂劲。懂劲后，愈练愈精。默识揣摩，渐至从心所欲，本是舍己从人，多悟舍近求远。所谓差之毫厘，谬以千里，学者不可不详辨焉，是为论。

一本注云：此论句句切要，并无一字敷衍陪衬，非有夙慧，不能悟也，先师不肯妄传，非独择人，亦恐枉费工夫耳。

二、张三丰十三势译名

长拳者，如长江大河，滔滔不绝也。十三势者，掤、捋、挤、按、采、挒、肘、靠，此八卦也。进、退、顾、盼、定，此五行也。掤、挒、挤、按，即乾、坤、坎、离四正方也。采、挒、肘、靠，即巽、震、兑、艮四斜角也。进、退、顾、盼、定，即金、木、水、火、土也，合之则为十三势也。

原注云：此系武当山张三丰祖师遗论，欲天下豪杰延年益寿，不徒作技艺之末也。

三、唐李道子《太极拳真义》

无形无象（忘其有己），全身透空（内外合一）。
忘物自然（随心所欲），西山悬磬（海阔天空）。
虎吼猿鸣（锻炼阴精），泉清水静（心死神活）。
翻江闹海（无气流动），尽性立命（神定气足）。

四、歌　诀

（一）十三势行功歌诀

十三总势莫轻视，命意源头在腰隙。
变转虚实须留意，气遍身躯不少滞。
静中触动动犹静，因敌变化示神奇。
势势存心揆用意，得来不觉费功夫。
刻刻留心在腰间，腹内松净气腾然。
尾闾中正神贯顶，满身轻利顶头悬。
仔细留心向推求，屈伸开合听自由。
入门引路须口授，功夫不息法自修。
若言体用何为准，意气君来骨肉臣。
想推用意终何在，益寿延年不老春。

太极导气松沉功

歌兮歌兮百四十，字字真切义无遗。

若不向此推求去，枉费工夫贻叹息。

（二）打手歌、又歌

1. 打手歌

掤捋挤按须认真，上下相随人难进。

任他巨力来打吾，牵动四两拨千斤。

引进落空合即出，粘连黏随不丢顶。

2. 又　歌

轻则灵，灵则动，

动则变，变则化。

彼不动，己不动，

彼微动，己先动。

似松非松，将展未展，劲断意不断。

（三）乾隆旧抄本太极拳经歌诀六首

1.

顺项贯顶两膀松，束烈下气把裆撑。

胃音开劲两捶争，五指抓地上弯弓。

2.

举动轻灵神内敛，莫教断续一气研。

左宜右有虚实处，意上寓下后天还。

3.

拿住丹田练内功，哼哈二气妙无穷。

动分静合屈伸就，缓应急随理贯通。

4.

忽隐忽现进则长，一羽不加至道藏。
手慢手快皆非似，四两拨千运化良。

5.

掤捋挤按四方正，采□肘靠斜角成。
乾坤震兑乃八卦，进退顾盼定五行。

6.

极柔极刚极虚灵，运若抽丝处处明。
开展紧凑乃缜密，待机而动如猫行。

（四）八字歌

掤捋挤按世界稀，十个艺人十不知，
若能轻灵并坚硬，粘连黏随俱无疑，
采挒肘靠更出奇，行之不用费心机，
果得粘连黏随者，得其圆中不支离。[注]

[注] 意为如真正懂得了粘连黏随的道理，即为懂得太极拳之完整精神，而不是零碎的知识了。

（五）周身大用歌（又名三十七周身大用歌）

一要心灵与意静，自然无处不轻灵。
二要遍身意流行，一定继续不能停。
三要喉头永不抛，向尽天下从英豪。
如询大用缘何得，表里粗精无不到。

五、武禹襄先生太极拳说

(一) 太极拳解

身虽动，心贵静，气须敛，神宜舒。心为令，气为旗，神为主帅，身为驱使。刻刻留意，方有所得。先在心，后在身，在身，则不知手之舞之，足之蹈之，所谓"一气呵成""舍己从人""引进落空""四两拨千斤"也。须知，一动无有不动，一静无有不静。视动犹静，似静犹动。内固精神，外示安逸。须要从人，不要由己。从人则活，由己则滞。尚气者无力，养气者纯刚。彼不动己不动；彼微动，己先动。以己依人，务要知己，乃能随转随接；以己粘人，必须知人，乃能不后不先。精神能提得起，则无迟重之虞；粘依能跟得灵，方见落空之妙。往复须分阴阳，进退须有转合。机由己发，力从人借。发劲须上下相随，乃能一往无敌，立身须中正不偏，能八面支撑，静如山岳，动若江河。迈步如临渊，运劲如抽丝，蓄劲如张弓，发劲如放箭。行气如九曲珠，无微不到，运劲如百炼钢，何坚不摧。形如搏兔之鹘，神似捕鼠之猫。曲中求直，蓄而后发。收即是放，连而不断。极柔软，然后能极坚刚。能粘依，然后能灵活。气以直养而无害，劲以曲蓄而有余。渐至物来顺应，是亦知止而得矣。

(二) 十三势说略

每一动，唯手先着力，随即松开。犹须贯串一气，气不外起承转合。始而意动，既而劲动，转接要一线串成。气宜鼓荡，神宜内敛，勿使有缺陷处，勿使有凹凸处，勿使有断续处。其根在脚，发于腿，主宰于腰，形于手指。由脚而腿而腰，总须完整一气，向前、后退，乃能得机得势，有不得机得势处，身便散乱，必至偏依，其病必于腰腿求之。上下、前后、左右皆然，凡此皆是意，不在外面。有上即有下，有前即有后，有左即有右。若将物掀起，而加挫之之力，斯其根自断，乃坏之速而无疑。虚实宜分清楚，一处自有一处虚实，处处总此一虚实，通身节节贯串，勿令丝毫间断。

（三）四字秘诀

敷——敷者，运气于己身敷布彼劲之上使不得动也。

盖——盖者，以气盖彼来处也。

对——对者，以气对彼来处，认定准头而去也。

吞——吞者，以气全吞、而入于化也。

此四字无形无声，非懂劲后练到极精地位者不能知，全是以气言，能直养其气而无害，始能施于四体，四体不言而喻矣。

六、李亦畲先生太极拳要论

（一）五字诀

一曰心静

心不静，则不专，一举手，前后左右全无定向，故要心静。起初举动，未能由己，要息心体认，随人所动，随屈就伸，不丢不顶，勿自伸缩。彼有力，我亦有力，我力在先，彼无力，我也无力，我意仍在先。要刻刻留心，挨何处，心要用在何处，须向不丢不顶中讨消息。从此做去，一年半载，便能施于身。此全是用意，不是用劲，久之，则人为我制，我不为人制矣。

二曰身灵

身滞则进退不能自如，故要身灵。举手不可有呆像。彼之力方碍我皮毛，我之意已入彼骨内。两手支撑，一气贯穿。左重则左虚，而右已去，右重则右虚，而左已去。气如车轮，周身俱要相随。有不相随处，身便散乱，便不得力，其病于腰腿求之。先以心使身，从人不从己，后身能从心。由己仍是从人。由己则滞，从人则活。能从人，手上便有分寸，秤彼动之大小，分厘不错；权彼来之长短，毫发无差。前进后退，处处恰合，功弥久而技弥精矣。

三曰气敛

气势散漫，便无含蓄，身易散乱。务使气敛入脊骨，呼吸通灵，周身罔间。吸为合、为蓄，呼为开、为发。盖吸则自然提得起，亦撑得人起，呼则自然沉得下，亦放得人出。此是以意运气，非以力使气也。

四曰劲整

一身之劲，练成一家，分清虚实。发劲要有根源，劲起于脚根，主于腰间，形于手指，发于脊骨。又要提起全副精神，于彼劲将出未发之际，我劲已按入彼劲，恰好不先后，如皮燃火，如泉涌出。前进后退，无丝毫散乱。曲中求直，蓄而后发，方能随手奏效，所谓借力打人，四两拨千斤也。

五曰神聚

上四者俱备，总归神聚。神聚则一气鼓铸，练气归神，气势腾挪，精神贯注，开合有致，虚实清楚。左虚则右实，右虚则左实。虚非全然无力，气势要有腾挪，实非全然占煞，精神要贵贯注。紧要全在胸中，腰间运化不在外面。力从人借，气由脊发。呼能气由脊发，气向下沉，由两肩收于脊骨，注于腰间，此气之由上而下也，谓之合。由腰形于脊骨，布于两膊，施于手指，此气之由下而上也，谓之开。合便是收，开即是放。能懂得开合，更知阴阳，到此地位、功用一日，技精一日，渐至从心所欲，罔不如意矣。

（二）走架打手行功要言

昔人云，能引进落空，能四两拨千斤，不能引进落空，不能四两拨千斤。语甚赅括，初学未由领悟，予加敷言以解之，俾有志斯技者，得所从人，庶日进有功矣。欲要引进落空，四两拨千斤，先要知己知彼。欲要知己知彼，先要舍己从人。欲要舍己从人，先要得机得势。欲要得机得势，先要周身一家。欲要周身一家，先要周身无有缺陷。欲要周身无有缺陷，先要神气鼓荡。欲要神气鼓荡，先要提起精神，神不外散。欲要神不外散，先要神气收敛。欲要神气收敛入骨，先要两肢前节有力，两肩松开，气向下沉。劲起于脚根，变换在腿，含蓄在胸，运动在两肩，主宰在腰，上于两膊相系，下于两胯两腿相随。劲由内换，收便是合，放即是开。静则俱静，静是合，合中寓开；动则俱动，动是开，开中寓合。触之则旋转自如，无不得力，才能引进落空，四两拨千。平日走架，是知己功夫，一动势先问自己，周身合上数项不合，稍有不合，即速改换，走架所以要慢，不要快。打手是知人功夫。动静固是知人，仍是问己，自己要安排得好，人一挨我、我不动彼丝毫，趁势而入，接定彼劲，彼自跌出。如自己有不得力处，便是双重未化，要于阴阳开合中求之，所谓知己知彼，百战百胜也。

（三）十三势行功歌解

以心行气，务沉着，乃能收敛入骨。（所谓命意源头在腰隙也）

意气须换得灵，乃有圆活之趣。（所谓变转虚实须留意也）

立身中正安舒，支撑八面，行气如九曲珠，无微不到。（所谓气遍身躯不稍疑也）

发劲须沉着、松静，专注一方。（所谓静中触动动犹静也）

往复须有折叠，进退须有转换。（所谓因敌变化是神奇也）

曲中求直，蓄而后发。（所谓势势存心揆用意，刻刻留心在腰间也）

精神能提得起，则无迟重之虞。（所谓腹内松静气腾然也）

虚领顶劲，气沉丹田，不偏不倚。（所谓尾闾中正神贯顶

满身轻利顶头悬也)

以气运身，务求顺遂，乃能便利从心。（所谓屈伸开合听自由也）

心为令，气为旗，神为主帅，身为驱使。（所谓意气君来骨肉臣也）

（四）撒放秘诀

擎引松放

擎起彼劲借彼力。（中有灵字）

引到身前劲始蓄。（中有敛字）

松开我劲勿使屈。（中有静字）

放时腰脚认端的。（中有整字）

擎引松放四字，有四不能。脚手不随者不能，身法散乱者都不能，一身不成一家者不能，精神不团聚者不能。欲臻此境，须避此病，不然虽终身由之，究莫明其精妙矣。

后　记

太极拳是东方体育文化的一块瑰宝，太极文化是在我国五千年文明史的发展中孕育而成的。没有中华民族传统文化就没有太极拳，太极拳是中华民族宝贵的文化遗产。没有太极拳就没有太极文化，而没有太极文化的传播，太极拳也不可能繁荣到今天。太极拳文化，独树一帜，自成体系。我们不能自己将太极文化降低到谈武论打的窘地。张三丰祖师说："不徒作技艺之末。"太极拳走向世界不是因为拳脚功夫，而是因为那迷人的文化魅力，以及东方文化深厚的底蕴。我们习练太极拳，深知太极拳是科学拳、哲学拳、医学拳、美学拳、养生保健拳。

练太极拳久之，经医疗部门研究，可调节中枢神经系统功能，练拳时深长呼吸，对心脏供血充氧和排除血内垃圾，对血液循环系统、微循环系统，以及消化系统、骨骼、肌肉都有益处，从而增强体质，有抗衰老的功能。太极拳是有氧运动，练完拳收势，不会气喘吁吁，也不会大汗淋漓，能获得气道、血道通顺，周身轻快。

我是杨式太极拳第五（六）代弟子，先后跟杨绍西、赵凯林墨根学拳。三位师尊是杨式太极宗师杨澄甫的高徒李雅轩的师弟、徒弟。拳的风格受李雅轩大师影响。我也受其影响，对李雅轩的拳理有一定的研究。下面举几段李太师的拳理。

"太极拳的练法，其最重要的是身势放松，稳静心性，修养脑力，清醒智慧，深长呼吸……""在动时，要以心行气，以气运身，以腰脊率领，牵动四肢，绵绵软软，松松沉沉、势如行云流水，抽丝挂线，牵动四肢，绵绵不断，犹如长江大河滔滔不绝……"找上下相随，是初步之练法。找轻灵绵软，是中乘之功夫，找虚无所有，才是最后之研究。"以李师的体验，练太极内功应该将练太极松功作为主要功法来修炼。

练太极拳的终极目标：修炼太极拳，追求松沉功夫，到最高境界松空、松无、无形无象，全体透空。

什么是松？松即蓬松、轻松也。要知松、放松、练松。练松有个脱胎换骨的变化，周身上下所有关节要松开，包括手指、脚趾的小关节也要松开，深层次修炼，还要达到节节贯串，肌肉也要放松，随意肌松弛随意，不随意肌不僵不紧。从汗毛深入到皮、肌肉、筋、骨，自表及里松到骨骼，再从骨、筋、肉、皮、毛层层松到皮上。

什么是空？空是懂劲的功夫。留意阴阳变转瞬间的变化是空。刻意去练空难求，要在拳中去找。"一处有一处虚实，处处总此一虚实"。这个虚可以解释为空。"四梢空接手，接手点中走"完成了接打的过程，这是空的技艺。从接触——扑空——发放出去，仅在瞬间完成。

什么是无？无是什么都没有。修炼到神明境界，太极拳的点是空无点，摸摸去什么都没有，是无形无象之点。阴动变阳动，瞬间虚中虚，阳动变阴动，瞬间实中实，阴阳转换形成空无点。

太极松功是太极拳高级功法，要练太极松功，也要分步骤练习，我把松功（高级功法）分成三部分，第一部分：太极导气松沉功；第二部分：太极轻灵松空功；第三部分：太极虚渺松无功。

练太极拳不进行内功修炼、不练松功，养生保健作用是不明显的。在修炼松功过程中，不断退去身上本力，身体有灵活、敏捷、虚灵空松之感，使身体格外舒畅。周身松空之后，五脏六腑通顺无阻，胸腹有空荡、腾然之感，经脉通畅，老年斑生长缓慢，减缓衰老进程。练太极拳的人只是一般地练，养生保健效果不明显，只有进行内功修炼，即练太极松功，才能在养生保健、延年益寿方面获得显著的效果。

本书在写作过程中，曾得到杨维、万斌、李宗烈等人的大力支持，本人在此谨致诚挚的谢意。